LÉONCE JUGE

NOTRE
ABDICATION POLITIQUE

ESSAI D'INTRODUCTION A L'ÉTUDE DES ORIGINES
DE L'EUROPE NOUVELLE

ÉDITIONS BOSSARD

43, RUE MADAME, 43

PARIS

1920

NOTRE ABDICATION POLITIQUE

A la mémoire de Suzanne L.-JUGE,
je dédie cet essai, écrit avec elle en collaboration.

« Un grand amour est aussi
rare qu'un grand génie ».

(Vinci).

Notre Abdication Politique

*Essai d'introduction à l'étude des origines
de l'Europe nouvelle*

Notre Abdication politique

CHAPITRE PREMIER

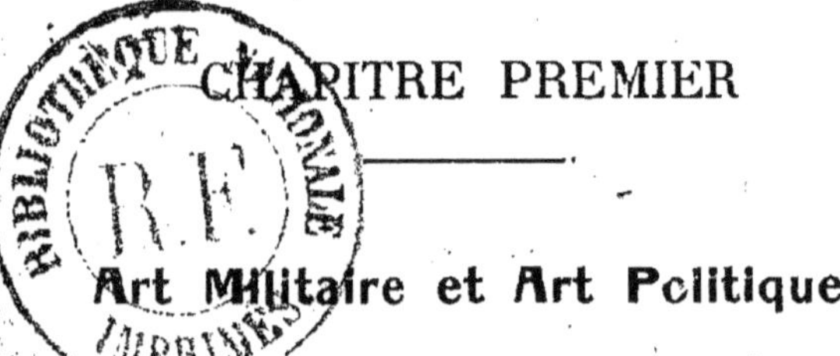

Art Militaire et Art Politique

Lorsqu'un peuple est appelé à combattre aux côtés d'autres peuples contre un ennemi commun, ce peuple doit avoir en vue la poursuite d'un double but : victoire **stratégique** sur l'ennemi commun, et victoire **politique** à la fois sur l'ennemi commun et sur ses propres alliés. La seconde victoire (ou la seconde défaite...) est, par ses conséquences, infiniment plus importante que la première.

Si nous étions capables d'un suffisant effort d'abstraction pour échapper à l'emprise des influences conventionnelles et subjectives, nous remarquerions que ce qui, dans les grandes luttes rapportées par l'Histoire, fait surtout l'objet de notre attention — c'est-à-dire la guerre — n'a pas du tout, en réalité, l'importance que nous lui attribuons.

PRINCIPE FONDAMENTAL

Ce principe ressort de l'histoire même du progrès et de la décadence des grands Etats...

Au cours des xviiie et xixe siècles (I) celle des deux grandes puissances occidentales (France et Angleterre) qui a subi la marche *descendante* la plus sensible est justement celle qui, sur les champs de bataille, a remporté le plus de vic-. toires... la France (2) — et celle qui a suivi la marche *ascendante* la plus rapide est au contraire celle qui, sur le continent européen, a essuyé le plus de *défaites*... l'Angleterre (3).

Ce fait est par lui-même suffisamment probant.

Mais l'Histoire nous offre de nombreux exemples semblables. Rome antique parvint à l'hégémonie grâce, certainement, à ses victoires **militaires,** — mais celles de ces victoires qui furent en quelque sorte définitives et. lui assurèrent l'empire du monde furent remportées surtout par les armes des alliés et associés du peuple romain — lesquels se trouvèrent toujours avoir combattu « pour » Rome chaque fois qu'ils lut-tèrent à ses côtés. Le génie **militaire** de Rome, si incontestable qu'il soit, n'est pas comparable

---

(1) Pour plus d'exactitude, nous préciserons les dates : 1712-1912. On remarquera que cette période ne s'étend pas au dernier conflit.

(2) Cette particularité est strictement confirmée par la statistique, que chacun peut établir sans peine, de nos revers et de nos succès. Même en tenant compte des fautes de Louis XV, des désastres qui ont marqué la chute du Premier Empire et des imprudences de Napoléon III, nous avons, au cours des deux derniers siècles, remporté sur les champs de bataille du monde entier près de deux fois plus de victoires que nous n'avons essuyé de défaites (environ 65 °/₀ et 35 °/₀).

(3) Ceci pourrait être également prouvé par la statistique. Mais les Anglais eux-mêmes s'en vantent : « *Nous ne gagnons,* disent-ils, *qu'une seule bataille dans chaque guerre. Mais c'est la bataille définitive.* »

à son génie **politique** : le premier ne fit que préparer l'hégémonie, le second la réalisa.

Sans qu'il soit besoin de remonter aussi loin, le conflit auquel nous venons d'assister n'est pas moins instructif à ce point de vue.

Même si l'on tient à ne considérer la rivalité anglo-allemande que comme une question toute secondaire dans l'histoire de ce conflit, on ne peut nier que cette rivalité existait. Que ce ne soit pas elle qui ait causé la guerre et que celle-ci n'ait eu qu'incidemment pour effet de la liquider... il est possible, et ce n'est pas là, pour le moment, ce qui importe. *La rivalité anglo-allemande existait et l'un des résultats de la guerre européenne a été de la liquider :* voilà ce que nous savons. Or nous constatons ceci :

   1° L'Allemagne et l'Angleterre ont, toutes deux, mais de façon différente, voulu mettre à profit les enseignements de l'Histoire et poursuivi l'hégémonie par l'application de ce qu'on pourrait appeler « *le système romain* », chacune d'elles adaptant d'ailleurs ce système à sa mentalité personnelle, aux conditions d'existence de la nation et au développement de la civilisation moderne, qu'elles concevaient et cultivaient, bien entendu, chacune à sa manière. L'Angleterre a surtout imité les Romains dans l'**art politique ;** l'Allemagne a porté presqu'exclusivement son attention sur l'**art militaire.** L'Angleterre, beaucoup plus faible certainement que l'Allemagne si l'on suppose ces deux nations obligées de se mesurer seule à seule, a su néanmoins faire sortir de la lutte engagée des résultats pratiques, concrets, immédiats, qui dépassent tout ce que l'on pouvait en attendre pour elle. Au contraire l'Allemagne, militairement très forte, a été acculée à un désastre complet. Contentons-nous d'expliquer ce fait par la raison péremptoire qu'on a coutume d'en donner : l'Angleterre s'est trouvée du côté du Droit, l'Allemagne a soulevé contre elle l'univers presqu'entier par son mépris de ce même Droit, ce qui, objectivement parlant, est une grande faute politique avant que d'être, subjectivement, une faute morale incontestable. On ne peut nier qu'il soit éminemment politique d'avoir pris fait et cause pour la Justice en des circonstances où le triomphe de cette Justice devait assurer à ceux qui avaient contribué pour un quart ou pour un cinquième à la défendre, des avantages équivalant aux trois quarts ou aux quatre cinquièmes du profit total à retirer.

b) Victoire politique sur les principaux alliés.

2° L'Angleterre a été, durant le conflit, l'alliée de deux nations qui furent, l'une en Europe, l'autre en Asie, les ennemies irréductibles de sa puissance durant des siècles entiers. Cela ne veut nullement dire que les intérêts de ces nations se trouvaient opposés à ceux de l'Angleterre dans la question particulière du conflit ; cela veut dire simplement que la Russie, l'Angleterre et la France, concurrentes sur un nombre plus ou moins considérable de points, ont pu se trouver unies sur un ou plusieurs autres points par des intérêts communs. Quoi qu'il en soit, l'Angleterre est aujourd'hui, des trois puissances en cause, celle à laquelle la guerre aura le moins coûté (or c'est la lutte **stratégique** qui coûte), et le plus rapporté (or c'est la victoire **politique** qui rapporte...) C'est là un résultat acquis et consacré que personne ne songerait actuellement à contester. Résultat d'ailleurs légitime, louable et tout-à l'honneur des Anglo-Saxons — disons-le nous bien et soyons convaincus et sincères en nous le disant. — Car il ne saurait être ici question de « morale », la morale ne pouvant guère, dans la lutte pour la vie entre les peuples, être jamais autre chose qu'une forme supérieure, et d'ailleurs élégante, de l'**art politique** — et le premier, le plus impératif devoir qu'un peuple ait à remplir, étant d'assurer d'abord le libre et complet épanouissement de sa race toutes les fois qu'il s'agit non plus d'actes de violence, mais simplement de prévoyance attentive, de froide raison pratique, de génie enfin, que l'on appelle ce génie de la ruse ou de l'habileté.

Tout cela n'en est pas moins instructif en ce qui concerne l'importance de l'élément purement **stratégique** et de l'élément **politique** que toute lutte entre les peuples renferme.

Ce qui est bien plus instructif encore, c'est que, politiquement, l'Angleterre se trouve — par le fait si l'on veut des circonstances et peut-être sans avoir eu besoin d'y aider, ce qui est bien le résultat le plus merveilleux que puisse obtenir une politique géniale — avoir *vaincu ses propres alliés* sur la plupart des points où ceux-ci étaient ses concurrents. De quelque façon en effet qu'on veuille considérer les choses, et quels que soient les motifs qui aient déterminé cette

conséquence, la Russie, au moins momentanément, comme grande puissance, n'existe plus.
Quant à la France, elle n'est plus, depuis longtemps, capable de faire à elle seule contrepoids
à la puissance britannique sur le continent européen. Même en admettant que la puissance réelle
et personnelle de la France se trouve accrue du
fait de sa victoire sur la coalition germanique,
cela ne change rien à la chose puisque cette
même victoire a eu pour effet d'accroître, dans
des proportions encore plus grandes, la puissance réelle et personnelle de l'Angleterre,
d'ailleurs moins affaiblie par la guerre. D'autre
part, avant le conflit, la France, sur le continent,
n'était pas seule ; il y avait la Russie — et, quoi
qu'on en dise, cela comptait ou paraissait compter,
ce qui, finalement, est la même chose. Aujour-
d'hui la Russie, encore une fois, n'existe plus, et,
lorsqu'elle existera, rien ne nous autorise à
escompter qu'elle ambitionnera notre alliance ; il
est permis de prévoir que le contraire pourra se
produire. Enfin, même la menace allemande nous
plaçait vis-à-vis de l'Angleterre dans une situation
privilégiée qui n'est plus la nôtre. Or tout cela
est arrivé du fait de la guerre, de cette
même guerre que l'Angleterre nous aida à gagner
— c'est entendu — mais que, Russes et Français,
nous lui avons aidé, aussi, à ne pas perdre. Plusieurs siècles de guerre *contre* la France, un
siècle entier de guerres *contre* la Russie n'avaient
pas abouti, pour l'Angleterre, au résultat
(incontestablement avantageux pour elle, même
si elle ne l'a pas volontairement poursuivi, et

infiniment décevant pour nous, même si c'est par notre « Victoire » qu'il fut déterminé...) produit par une seule guerre qu'ont soutenue la Russie et la France *aux côtés* des Anglo-Saxons... Et ce résultat, sur lequel je reviendrai, c'est tout simplement la consécration de l'hégémonie anglaise, non point seulement sur les mers, mais aussi et avant tout sur notre continent ; c'est, en ce qui nous concerne personnellement, une France glorieuse et épuisée, agrandie mais économiquement tributaire, victorieuse mais politiquement isolée... enfin, pour tout dire en un mot : *une grande Turquie de l'Ouest avec la Manche pour Dardanelles.*

3° L'Angleterre a su, au cours du conflit, liquider à son avantage plusieurs questions indépendantes du conflit lui-même et d'une importance primordiale pour ses intérêts à venir. (Egypte, Perse ; — mainmise économique sur le Danube, sur les pétroles du Caucase et d'Asie-Mineure ; — mainmise politique sur Constantinople et les Détroits ; — création de la Palestine et du Hedjaz ; — entreprises houillères de Chine, etc...)

c) « ... et quibusdam aliis... »

La conclusion qui s'impose est celle-ci :

Habitués que nous sommes à porter toute notre attention sur la partie **stratégique** de toute grande lutte à laquelle nous sommes mêlés, c'est-à-dire sur la *guerre* proprement dite, uniquement parce que celle-ci fait plus de bruit, qu'elle impressionne et intéresse davantage les foules, qu'elle se passe au grand jour, et que l'Histoire, possédant sur son compte des rensei-

CONCLUSION

L'art de *vaincre* s'appelle la *Stratégie;* l'art de *vivre* s'appelle la *Politique.*

gnements inépuisables et rarement contestés, lui réserve naturellement la plus grande place, nous ne saurions trop nous appliquer à dégager toute l'importance de la partie **politique** du conflit auquel nous venons de prendre part et dont les suites auront, de toute évidence, une influence incalculable sur notre avenir.

Nous devons bien nous dire que, dans la lutte pour la vie entre les peuples (lutte qui, sur l'échiquier mondial, se poursuit en réalité sans interruption), la **guerre,** serait-elle victorieuse avec éclat, ne produit rien par elle-même, si ce n'est la gloire et le prestige moral. Ceux-ci, à leur tour, ne deviennent facteurs d'avantages matériels et de résultats concrets que dans la mesure où l'**art politique** des dirigeants sait tirer parti non seulement de la victoire, mais encore de chaque circonstance de la lutte... même de celles de ces circonstances qui sont ou qui paraissent défavorables à la nation dont les intérêts sont en jeu.

Au-dessus de l'**art militaire,** il faut donc placer l'**art de la politique.**

Est-il besoin d'ajouter que cela importe surtout pour le peuple dont le territoire sert ou est exposé à servir de champ de bataille aux coalitions adverses ?

Car si la guerre, même victorieuse, ne *produit* rien par elle-même, il est malheureusement incontestable que, par elle-même, elle *détruit* beaucoup. Les souffrances et les ruines matérielles qu'elle cause sont, à notre époque de progrès inouïs dans tous les domaines de l'art militaire, au-dessus de toute estimation possible pour les peuples dont le territoire devient l'arène de la lutte engagée. Pris en lui-même et indépendamment de toute perte en hommes, en matériel et en argent, le seul fait de *servir de champ de bataille* dépasse certainement beaucoup en résultats destructeurs le total de toutes les pertes visibles, susceptibles d'être calculées.

De tous les peuples qui ont pris part au conflit mondial, le peuple anglo-saxon était donc l'un de ceux pour qui l'étendue des avantages politiques que la guerre pouvait lui fournir avait le moins d'importance **vitale,** le moins de raison d'être et de légitimité apparentes. A elles seules, la défaite de l'Allemagne (c'est-à-dire le fait intrinsèque que l'Allemagne n'*ait pas* triomphé...) et la victoire du Droit pouvaient constituer déjà un résultat satisfaisant. Pour nous, au contraire, il importait infiniment d'appliquer dans toute sa rigueur le principe fondamental que nous avons énoncé plus haut. On peut soutenir en effet qu'une fois nos provinces du Nord et de l'Est ravagées et l'Allemagne arrêtée définitivement dans son élan vers l'intérieur au-delà de ces provinces, le fait que l'issue de la lutte s'est appelée une **victoire** n'est pas ce qui importe, matériellement parlant. Le titre de « vainqueurs » ne constitue, par lui-même, qu'un avantage exclusivement moral. Concrètement, pratiquement, ce qui importe, c'est l'état dans lequel l'issue de la lutte nous aura laissés.

Or, pour le bonheur de l'Angleterre et pour notre plus grand malheur, il est arrivé précisément le contraire de ce qu'il eût été juste qu'à elle et qu'à nous il arrivât :

Durant toute la guerre — et avant même qu'elle éclatât — et après même qu'elle fut terminée, la distribution des rôles entre les deux grandes alliées d'Occident fut établie comme suit :

Direction (et responsabilités) de la lutte **militaire** : France.

Direction (et profits) de la lutte **politique :** Angleterre.

a) **But de la France :**
VAINCRE

Dirigeant tout son effort, sacrifiant toute son énergie et toutes les magnifiques vertus de sa race à la lutte **stratégique,** la France : *a)* sert les intérêts communs et *b)* ne sert ses intérêts propres qu'autant qu'ils sont compatibles ou mieux : qu'ils se confondent avec les premiers. En outre, *c)* elle sert de champ de bataille aux coalitions.

b) **But de l'Angleterre :**
VIVRE

Ne prenant part à la lutte que dans la mesure où son intérêt personnel l'exige (mesure très large depuis la prise d'Anvers) et ne perdant pas un instant de vue la direction **politique** qui lui est confiée, l'Angleterre : *a)* sert avant tout les intérêts particuliers du peuple anglo-saxon et *b)* ne sert les intérêts communs qu'autant qu'ils sont compatibles ou mieux : qu'ils coïncident avec les premiers. En outre, *c)* elle reste hors de portée de l'ennemi ; le champ de bataille se trouve chez le voisin.

***

OBJET DU PRÉSENT OUVRAGE.

Tel est, résumé en quelques mots, l'aspect que présente, aux regards de l'Histoire politique, le tableau de la coopération anglo-française à la grande guerre qui vient de finir. Je ne crois pas qu'il soit nécessaire de décomposer et refaire ici ce tableau pièce par pièce, ni de l'étayer par l'exposé de tous les détails susceptibles de prouver son exactitude. L'esquisse que j'ai tracée est celle d'un **état de choses qui est sous nos yeux,** que chacun peut constater — et constate, en effet, qu'il se l'avoue ou non et qu'il ait ou n'ait pas le courage et l'indépendance d'esprit nécessaires pour en convenir.

Si l'on me reprochait pourtant d'avoir tracé cette esquisse avec trop de hauteur, en dédaignant l'analyse et l'énumération des faits sur lesquels se fondent les assertions que je viens d'émettre, je rassurerais tout d'abord les esprits soucieux de déductions logiques en observant que je serai nécessairement amené, au cours de cet ouvrage, à entreprendre cette énumération et cette analyse, — non que je considère l'une ni l'autre comme indispensables à prouver ce qui est un **fait existant,** mais parce qu'il serait puéril de nous borner à la constatation platonique de ce fait. Ce qu'il faut, c'est évidemment en rechercher les causes puisque seule la connaissance que nous aurons d'elles nous permettra de trouver un remède à nos disgrâces, ou, tout au moins, une consolation à nos amertumes. Et que sera la recherche de ces causes, sinon, justement, la décomposition et la réfection, pièce par pièce, du tableau que j'ai présenté tout à l'heure sous forme de résumé ?...

*
* *

Si, dans la conduite des opérations stratégiques, et politiques de la grande guerre, la distribution des rôles, entre nos alliés et nous, fut plutôt désavantageuse à nos intérêts, cette répartition n'a pu être faite sans notre assentiment tacite ou sans notre acceptation consciente et exprimée.

De la part des dirigeants responsables, acceptation consciente signifierait : *complicité politique;* — assentiment voudrait dire : *abdication politique.* C'est au second de ces termes que, par euphémisme, je m'en tiendrai.

Je dirai d'abord *pourquoi* cette abdication fut possible, et comment nous sommes tous plus ou moins responsables de l'avoir permise ou préparée; je montrerai ensuite *comment* notre diplomatie secrète la réalisa; je tâcherai d'exposer enfin la gravité des conséquences qui en résultent et que nous devons aujourd'hui, faute de pouvoir autre chose, courageusement accepter.

Pourquoi notre abdication fut possible? sans doute un peu parce qu'on nous l'imposa (1). Mais il faut bien dire que l'on ne put nous l'imposer, que parce que nous y consentîmes (2).

« *Comment* notre abdication fut réalisée ? Par le génie politique de nos partenaires (3), par le démembrement de la Russie et la ruine de notre

---

(1) Voir chapitre III « La thèse officielle du conflit ».

(2) Voir chapitre IV « La psychologie française » et chapitre V « Evolution et Révolution ».

(3) Voir chapitres VI-VIII « L'Angleterre. — L'extension anglo-saxonne. — L'équilibre continental ».

alliance avec cette puissance (1), enfin et surtout par l'incohérence de notre diplomatie (2).

Nous éviterons d'ailleurs de nous attarder à des conclusions déprimantes — car il dépend de nous, malgré tout, d'avoir encore... ne disons plus un « *grand rôle* », mais un *noble rôle* à jouer...

Nous nous garderons aussi de toute rancune et de toute haine : d'abord parce qu'en vérité comme en justice nous n'avons droit d'en vouloir qu'à nous — ensuite parce que notre dignité doit être plus forte que nos amertumes, et notre vertu, plus généreuse que notre intérêt.

Nous regarderons plus loin et plus haut que nous-mêmes et que nos passions ; nous regarderons plus loin même que nos malheurs et que nos vertus... Nous constaterons que le conflit mondial n'est qu'une phase de la Révolution mondiale, laquelle ouvre une ère nouvelle dans l'histoire de l'Humanité. Ne nous y trompons pas : nous assistons à beaucoup plus qu'à la fin d'une époque, qu'à la défaite d'un peuple ou qu'à l'écroulement d'un système. Nous assistons vraiment à la mort d'un monde que nous avons dominé, dirigé, inspiré, dont nous étions la tête et dont nous restons l'âme. Les origines de l'Europe nouvelle sont tout entières dans notre œuvre et ne sont que là ; nous avons droit d'en éprouver une suffisante consolation.

Les origines de l'Europe nouvelle

---

(1) Voir chapitres IX-XI « La Russie. — L'alliance franco-russe et le conflit anglo-européen ».

(2) Voir mêmes chapitres et chapitre XII « Trois politiques ».

Car, voulue ou non par les dirigeants responsables, notre « défaite politique » du moment n'est pas autre chose, *pour notre race dans son ensemble*, que le résultat d'une sublime et nécessaire abnégation : l'abdication politique de la France — c'est la toute première page de l'histoire d'un monde nouveau.

CHAPITRE II

Histoire et Psychologie

Nous ne saurions évidemment prévoir toutes les leçons que l'avenir dégagera du grand bouleversement mondial, mais il semble bien que la première chose qui nous apparaîtra lorsque l'éloignement des faits nous permettra de les étudier avec sang-froid, c'est le rôle immense joué par les idées fausses.

L'éminent psychologue Gustave Le Bon, dans son ouvrage sur les « Premières conséquences de la guerre européenne » écrivait, dès 1916 :

« Aux hommes de pensée va revenir la tâche d'orienter l'âme des peuples vers les idées capables d'éviter leur décadence. L'œuvre est difficile : elle n'est pas impossible... — Les idées fausses sont les grandes dévastatrices de l'Histoire. Ce n'est pas avec des armes matérielles qu'on les combat. Le canon n'est qu'un serviteur de la pensée. Des idées qui vont diriger les peuples dépendra leur destinée. »

A ce point de vue, les entraves mêmes dont, en tout pays (I), les écrivains et les penseurs sou-

____

(1) Notons : plus que partout, en France, — et, moins que partout, en Angleterre...

cieux d'impartialité ont souffert durant les cinq dernières années, n'auront pas été sans profit. Le rapide essor, auquel nous assistons, de la science psychologique appliquée à l'Histoire en est une preuve certaine et consolante. Il s'agit là de beaucoup plus que d'une simple aventure.

L'Histoire, en effet — telle que généralement, de nos jours, on la comprend — ne peut être suffisamment juste ni véridique. Elle veut l'être ; elle croit l'être ; elle ne l'est pas. L'historien le plus soucieux d'exactitude ne parvient à se dégager des subjectivités qui l'encombrent, des idées innées qui l'embarrassent, des influences de milieu et de moment qui s'imposent à lui, qu'en sortant pour ainsi dire de lui-même et de l'Histoire. Or il n'y parvient qu'en s'adressant à la psychologie. C'est ce que nous faisons de plus en plus, et il est peu probable que nous nous y fussions astreints dans la mesure où nous l'avons fait si nous n'y avions été incités par les entraves que j'ai dites. Il faut constater l'importance de cet effort, car, s'il témoigne d'un noble souci de nos écrivains et de nos penseurs à sauvegarder l'indépendance de leur esprit afin d'édifier une œuvre vraiment scientifique et durable, il prouve aussi, et par cela même, en faveur de notre époque et de chacun de nous. A côté de tant et tant de désolants symptômes d'apathie morale et mentale, c'est là un fait dont nous avons droit de nous réjouir.

LE MENSONGE CONVENTIONNEL. — Ce fait est du reste antérieur au conflit : la tyrannie du mensonge conventionnel dans lequel nous vivions, bien avant que la guerre éclatât,

avait déjà déterminé l'évolution de la critique et
de l'Histoire.

Grâce à un long travail auquel de très grands
esprits se sont appliqués avec une ténacité, un
esprit de suite et parfois une intelligence remarquables, le Gouvernement de la Décadence était
parvenu, en quelque trente ans (...à peu près :
1880-1912...), à nous imposer un masque d'em-
prunt par la déformation et la déviation des
idées morales. Nos aspirations, nos façons
d'agir, de croire, et même de penser, ne corres-
pondaient plus à la mentalité vraie de notre
race. Nous vivions dans une atmosphère d'étouffement, de sophisme et de convention où plus
rien, pas même le vice, n'était exempt d'affectation. Devenu finalement trop cynique et trop
palpable, ce masque, que nous subissions d'abord
à notre insu et que nous avions ensuite accepté
par lassitude, nous était rendu, par son artifice
même, insupportable.

Pour y échapper, les plus désolés se réfugiaient
dans le silence, dans l'exil volontaire, voire dans
la mort (1) ; les plus sages cherchaient une voie

---

(1) « Aujourd'hui les âmes sont éparpillées, je crois, plus que
jamais elles ne le furent : et, si l'on peut ainsi parler, chaque
âme souffre d'un étrange éparpillement. Sollicitées de toutes parts,
elles ont, chacune à sa manière et plus ou moins, cédé de tous
côtés à divers attraits contradictoires. Elles se sont détendues ; elles
ont perdu leur cohésion. Aussi offrent-elles peu de solidité.
L'ennemi — c'est ici la mort — avant de tuer chacune d'elles, la
décime ; et il en a bientôt raison. »

Michel Aubé écrivait ces lignes au sujet de la mort tragique et
prématurée de l'un de ceux qui furent les nôtres et en qui le
destin frappa, si je puis dire, chacun d'entre nous.

« Charles Demange se tua le 11 août 1909. Il avait 23 ans :
il venait de publier un volume qui tout de suite conquérait
l'attention des lettrés, la sympathie de bien des lecteurs et la

nouvelle que leur pensée pût suivre et explorer librement. Le progrès, que je signalais tout à l'heure, de la science psychologique appliquée à l'Histoire est dû en grande partie à notre instinctif effort d'indépendance : l'obsession du masque et du mensonge conventionnels suscita en nous le désir de recouvrer notre liberté d'esprit et de jugement.

Cinq ans de guerre et de censure n'ont servi qu'à nous pousser plus avant dans cette voie nouvelle : elle semble maintenant ouverte de façon à nous mener loin. Impuissants à briser le cercle étroit créé par l'opinion intransigeante et provisoire artificiellement imposée à la masse et, par elle, à nous-mêmes, nous nous sommes engagés, en dehors de ce cercle, sur un terrain

---

faveur de quelques-uns. On devinait, dans cette destinée commençante, comme une promesse de gloire. Et l'on eût dit que rien ne manquait au bonheur de cet enfant qui possédait les meilleurs dons ; voire, on eût énuméré ses aubaines...

« De telles aventures donnent à songer. Involontairement l'imagination rôde, avec une douleur curieuse, autour d'un fait si étrange. Mais il ne s'agit pas de trouver pourquoi un jeune homme a choisi de mourir Qui donc, avant ses 25 ans, n'a pas eu maintes raisons de ne plus aimer la vie?... Le problème, et qui dépasse le détail d'une anecdote, est plutôt de savoir comment ont soudain défailli, pour l'un de nos contemporains, tous les motifs de repousser la tentation du néant.

« On accusera l'époque. Et sans doute elle le mérite si, à ses enfants les mieux doués, les plus heureux, elle n'offre ni les ressources d'une activité suffisante, ni les divertissements de l'allégresse, ni la règle d'une énergique abnégation...

« Charles Demange est mort... Et aussitôt, ce qu'on semblait ne pas comprendre, on le comprit; ce qu'on n'admettait pas, on l'admit. La manière de Charles Demange fut accueillie... Et l'on sut que cette âme, qu'on eût accusée parfois de badiner éperdument, prenait au sérieux et au tragique la vie, et l'art qui en est le reflet. »

(Michel Aubé : « Le Souvenir de Charles Demange », *Figaro* du 26 août 1911).

qui s'est révélé sûr et fécond. Il est peu vraisemblable que nous renoncions de sitôt à l'exploiter. Sans qu'on s'en doute, c'est le procès des psychologues à l'Histoire qui commence — et celle-ci risque fort d'y perdre de son prestige, car les psychologues n'entreprennent rien moins que de la refaire... et de la refaire avec de la psychologie.

C'est à cet effort que, dans la mesure de nos moyens, nous tâcherons d'aider en ce qui concerne les antécédents, les phases et les conséquences du grand conflit dont l'Europe nouvelle est sortie.

Dans ce but nous devons faire abstraction de toute subjectivité, renoncer aux formules et aux mots, ne craindre pas d'émettre des idées justes sous le simple prétexte qu'elles peuvent sembler subversives, et surtout nous méfier des conclusions optimistes et de la trop bonne opinion de nous-mêmes à quoi nous sommes incités par la réelle beauté de notre victoire et par le spectacle du magnifique élan qui nous a soulevés, transportés, transformés pendant les cinq dernières années. Nous devons rechercher les conséquences finales : conséquences pratiques et positives.

*
* *

Située entre l'Angleterre et l'Allemagne, la France, au début du xxᵉ siècle, devait beaucoup moins son influence politique aux qualités incontestables de la race qu'à ce fait — absolument indépendant de ces qualités — que si l'un de ses voisins devenait menaçant pour elle, il le devenait en même temps pour le monde entier, attendu que les dits voisins étaient, réellement, eux, et non par leurs « qualités » mais par leur force militaire ou politique très effective, de véritables grandes puissances.

Aussi, comme il était impossible de nier qu'à l'existence et à l'indépendance de la nation française le sort de plusieurs autres peuples était attaché, l'Histoire put, à la faveur de cet irréfutable axiome, établir la célèbre formule dont le psittacisme grandiloquent de la Décadence s'est si longtemps servi pour entretenir nos illusions et acheter notre confiance... à savoir : « *la France occupe dans le monde une place telle que de son indépendance et de sa force dépendent entièrement l'équilibre européen et la paix mondiale* ».

Cette illusion de sa grandeur avait, au commencement du siècle, complètement pénétré la France ; c'est elle qui inspirait toute sa politique, intérieure aussi bien qu'extérieure — elle qui imprégnait toutes ses méthodes d'enseignement populaire, tout le système d'éducation de sa jeunesse, toutes ses traditions gouvernementales (... traditions consistant surtout, il est vrai, à détruire tout traditionalisme...) sociales et même familiales — elle qui faisait le fondement de sa mentalité, de ses mœurs, de sa façon de comprendre les autres peuples, de les considérer et de nouer ses rapports avec eux.

* *

En réalité rien ne nous est plus funeste que cette exagération, à laquelle nous sommes enclins, de l'idée je ne dis pas : de notre « valeur », mais : de notre « puissance » (... car ce sont là deux choses que nous confondons souvent, et que nous devons apprendre à distinguer.)

Afin d'éviter que cette tendance, en quelque sorte inconsciente, à nous illusionner sur nous-mêmes, ne fausse, malgré tout notre désir d'impartialité, les jugements que nous aurons à porter au cours de cette étude, il faudrait pouvoir établir une hiérarchie exacte des puissances sur l'échiquier mondial *avant* le conflit européen.

Cette classification, pour être impartiale, nécessiterait l'élimination des multiples éléments subjectifs dont est formée l'opinion que chaque peuple a de lui-même : elle serait donc assez malaisée à entreprendre, mais c'est par quoi précisément elle nous instruirait.

Le moyen le plus sûr d'assigner à chaque peuple le rang exact qui lui convient serait de comparer sa puissance à celle de chacun des autres peuples, seul à seul :

1. Le peuple qui serait assez fort pour pouvoir être sûr, en principe, (1) de vaincre tout autre peuple seul à seul, serait évidemment une **très grande puissance.**

2. Le peuple qui — sans être sûr de pouvoir

____

(1) « En principe... » cela ne veut pas dire qu'il vaincrait, mais seulement qu'il aurait à son avantage un maximum évident de chances favorables.

LA HIÉRARCHIE DES PUISSANCES *avant* LE CONFLIT EUROPÉEN

Principes sur lesquels doit être établie cette hiérarchie.

vaincre tout autre peuple seul à seul — serait cependant assez fort pour qu'aucun autre peuple ne puisse se flatter de le vaincre lui-même par ses propres moyens, constituerait encore une **grande puissance.**

3. Nous appellerions **puissance moyenne** celle de tout peuple assez faible pour qu'il puisse se trouver un autre peuple susceptible, en principe, de le vaincre seul à seul, mais en même temps assez favorisé par les conditions morales, économiques, géographiques, etc... de sa situation mondiale pour se sentir garanti contre la possibilité d'une telle lutte « seul à seul »... soit que le peuple en question ait droit de compter sur l'appui d'une puissance :

a) supérieure à lui (**puissance moyenne** de 1er rang) ;

b) ou égale à lui (**puissance moyenne** de 2e rang) ;

c) ou inférieure à lui (**puissance moyenne** de 3e rang).

4. Nous donnerions le nom de **petites puissances** aux peuples qui ne pourraient entrer dans aucune des trois catégories ci-dessus : ces peuples ne seraient en somme « puissances » que de nom.

Relativité de ces principes.

... Je ne voudrais pas qu'on me supposât l'intention d'écrire ici une sorte de traité de politique, ni d'attribuer aux principes que je viens d'énoncer le sens absolu que la science contemporaine tend à donner aux définitions et aux mots. Sans nous égarer dans des considérations d'intérêt trop purement spéculatif, nous nous contenterons d'appliquer les définitions que nous avons admises aux quelques cas où il sera de toute évidence qu'aucune erreur ni aucune obscurité ne sauraient en résulter.

C'est ainsi que nous pouvons en toute certitude et nous référant au contrôle de l'Histoire enregistrer les constatations suivantes :

1. Il ne peut y avoir qu'une **très grande puissance** telle que nous l'avons définie, et il n'y en a pas nécessairement une.

> (L'humanité, du moins dans la période — très courte d'ailleurs — de son histoire qui nous est suffisamment connue, n'a vu s'élever, jusqu'au conflit européen *exclusivement*, que trois **très grandes puissances** : la Grèce, Rome et la France.)

2. Au-dessous de cette **très grande puissance**, fatalement unique et par moments complétement absente, les simples **grandes puissances**, en nombre toujours supérieur à l'unité (1) mais toutefois limité et par conséquent peu variable, (2) ont toujours obéi à une même et double tendance.

> *a*) Tendance commune à détruire la **très grande puissance** par les efforts unis des simples **grandes puissances.**

> *b*) Tendance particulière à chacune de celles-ci de prendre, à la tête du monde, la place que doit rendre ou qu'a déjà rendue vacante le succès de l'effort commun.

... et nous remarquons ceci :

> *c*) Cette double tendance a donné lieu à une lutte double aussi : lutte surtout

----

(1) S'il n'y en avait qu'une, elle serait **très grande puissance.**

(2) Leur antagonisme limite leur nombre.

Applications pratiques.

1) TRÈS GRANDE PUISSANCE.

2) GRANDES PUISSANCES.

stratégique des grandes puissances secondaires contre celle qui les dominait toutes, et lutte surtout **politique** entre les puissances de même classe pour arriver à l'hégémonie.

d) Toutes les grandes guerres entre les peuples — en dehors de celles produites par le mouvement cosmique des races (1) — se rattachent à cette lutte pour l'hégémonie. Les autres guerres ne sont, par rapport à celles-là, que des incidents.

3) PUISSANCES MOYENNES.

3. Le nombre des **puissances moyennes** est nécessairement variable et par conséquent non limité, puisque cette classe, en quelque sorte transitoire, est composée surtout d'anciennes **petites puissances** en voie de progrès et d'anciennes **grandes puissances** en voie de décadence. Toutefois, les conditions mêmes de variabilité tendent à établir une normale à peu près constante, parce qu'au fur et à mesure que les **grandes puissances** s'affaiblissent et que les **petites puissances** s'élèvent, les **puissances moyennes**, elles aussi, s'affaiblissent ou s'élèvent, soit qu'elles atteignent le rang de **grandes puissances**, soit qu'elles redescendent à celui de **petites puissances.**

4) PETITES PUISSANCES.

4. Le nombre des **petites puissances** est variable aussi, et par conséquent non limité ; mais ici les conditions de variabilité ne paraissent point tendre à établir une normale constante.

----

(1) Encore les guerres produites par le mouvement cosmique des races, à moins d'être simplement des invasions, subissent-elles très fortement l'influence de cette tendance à l'hégémonie dont nous venons de parler. A ce sujet, il est utile de signaler à quel point il serait faux de vouloir considérer la guerre européenne comme une phase de ce mouvement cosmique des peuples : on l'a fait cependant, et d'aucuns ont pris le mot d'*invasion* à la lettre. (Sur le mouvement cosmique, voir chapitre IX.)

a) Diminution : 1º par voie de progrès, certaines **petites puissances** tendant à atteindre le rang de **puissances moyennes** ; 2º par voie de fusion des **petites puissances** entre elles ; 3º par voie de fusion (rarement volontaire) des **petites puissances** avec les puissances supérieures.

b) Augmentation : par l'apparition, sur l'échiquier mondial, de puissances indépendantes nouvelles formées par la désagrégation d'autres puissances.

*
* *

Si, procédant par élimination, nous voulions appliquer les définitions ci-dessus aux différents États qui se partageaient le monde *avant* le conflit de 1914, nous en déduirions ceci :

Les puissances du monde *avant* le conflit.

1. Aucun peuple ne pouvait être classé au rang de **très grande puissance.**

2. Seuls l'Angleterre, l'Allemagne, les Etats-Unis et le Japon pouvaient être classés au rang de **grandes puissances.**

3. La France, la Russie, l'Autriche-Hongrie, la Turquie, l'Italie, l'Espagne, la Grèce, la Suisse, les États Néerlandais et Scandinaves, les principaux États de l'Amérique du Sud (1), la Chine, étaient, à des titres évidemment divers et inégaux, des **puissances moyennes** (1er, 2e ou 3e rangs).

______

(1) On peut dire si l'on veut : tous les États de l'Amérique, petits ou grands, en vertu de la doctrine de Monroë...

4. On devait considérer comme **petites puis-sances** tous les autres Etats de l'Univers. (1)

*
* *

Quels enseigne-ments nous pou-vons dégager de cette analyse.

Mais ce n'est pas pour nous arrêter à cette classification que nous avons entrepris de recher-cher quelles applications pratiques nous pouvions faire des définitions tout objectives que nous avons posées. Je dirai que cette classification, même minutieuse et impartiale, n'a qu'une valeur théorique puisque c'est d'un point de vue exclusivement théorique qu'elle part ; elle ne doit donc réjouir ni épouvanter personne, et je l'ai transcrite ici surtout pour que nous apparaissent avec plus de force et de netteté les profondes modifications que le conflit aura déterminées sur le vaste échiquier mondial. Nous aurons en effet à revenir sur ces modifications, et la comparaison que nous ferons alors entre la situation des principales puissances du monde *avant* et *après* le conflit ne manquera pas d'être pour nous fort instructive.

Pour le moment c'est à des applications plus générales et plus pratiques que nous nous attacherons.

Nous avons dit tout à l'heure que dans la double lutte (**stratégique** et **politique**) pour l'hégémonie, **l'art politique** a joué un rôle

---

(1) ... même les Etats Balkaniques, malgré l'importance de leur rôle dans le conflit politique dont la guerre est née. Rien ne per-mettait en effet, *avant* le conflit, de poser en principe que nulle puissance n'attaquerait la Serbie, la Bulgarie ou la Roumanie sans se trouver en face de toute une coalition.

secondaire, quoique déjà considérable, tant que la **très grande puissance** n'était pas ébranlée et tant que les puissances de deuxième ordre devaient unir leurs forces pour se délivrer de sa tutelle..... et un rôle tout à fait prépondérant dès que l'une de ces puissances de deuxième ordre tendait à s'assurer sur les autres la suprématie.

Nous avons constaté aussi, dans le chapitre précédent, que deux grandes nations, Rome et l'Angleterre, s'étaient révélées particulièrement aptes à cet **art politique,** si nécessaire dans la lutte à peu près ininterrompue des peuples pour assurer leur puissance. En même temps, la comparaison de l'importance de nos succès purement **militaires** avec les résultats pratiques que nous avons nous-mêmes obtenus au cours des deux derniers siècles, nous a prouvé que ce même **art politique** nous fait à peu près défaut.

A quoi tiennent ces particularités? Si elles ne sont pas à notre avantage, peut-être, du moins, sont-elles à notre honneur..... Lorsque de telles aptitudes ou de telles incapacités dominent à ce point la vie d'une nation qu'elles semblent être à la base même de sa décadence ou de sa grandeur, il est impossible qu'elles ne tiennent pas à de profondes raisons psychologiques, que l'étude de la mentalité particulière de la race doit nous aider à découvrir.

*
* *

Vues de très loin (jugements portés par l'Histoire sur les faits depuis longtemps écoulés) ou de très haut (abstraction de toute subjectivité),

CAUSES
GÉNÉRALES
DES GRANDS
CONFLITS

les grandes luttes entre les peuples s'expliquent par des nécessités d'ordre cosmique : 1º mouvement en avant des diverses races dans une direction déterminée (1re période) ; 2º tendance à l'hégémonie des races les plus fortes ou les plus avancées en civilisation, une fois le mouvement arrêté et les différents peuples établis (2e période).

Or, entre la chute d'une puissance ayant atteint l'hégémonie et l'apparition d'une nouvelle puissance qui la remplace, s'écoule un interrègne. C'est durant cet interrègne que se prépare l'hégémonie nouvelle. Et les conditions dans lesquelles s'effectue cette préparation permettent de déterminer la mentalité de la race qui sera appelée à l'hégémonie, de prévoir quelles seront ses tendances et, dans une certaine mesure, à quoi elles aboutiront.

Caractère des interrègnes qui ont précédé l'apparition de la puissance romaine et de la puissance anglaise d'une part, de la puissance grecque et de la puissance française d'autre part.....

En effet, la période transitoire que j'appelle un interrègne affecte des formes diverses selon les causes auxquelles cet interrègne est dû. Au lieu que si l'interrègne est le résultat d'un effort voulu et intelligent de plusieurs peuples pour renverser la **très grande puissance** qui les domine, il se trouve rempli alors par le développement intense et simultané de tous ces peuples, — au contraire, le monde est livré à l'anarchie si l'interrègne provoqué par la chute de la **très grande puissance** est le produit d'un mouvement cosmique aveugle et brutal, comme le furent les invasions. Dans le premier cas, l'interrègne est le résultat d'un effort intelligent et suivi, qui se sert des circonstances au lieu de leur obéir : aussi est-il de moindre durée..... Dans le second cas, l'interrègne, issu de causes indépendantes de toute direction morale raisonnée, est naturellement beaucoup plus long. Dans le premier cas, l'échiquier est pour ainsi dire tout prêt ; la partie suit son cours d'une façon en somme normale ; les pions sont rangés dans un ordre et une direction déterminés ; *la lutte est provoquée par l'ambition des partenaires et non par une loi de nécessité supérieure;* l'issue de cette lutte dépend de la force et de l'habileté des adversaires (or telles furent les circonstances dans lesquelles se développèrent la puissance romaine et la puissance anglaise...). Dans le second cas, c'est le chaos ; l'échiquier est vide ; les pions ne sont même pas posés ; la partie ne s'engage qu'au bout dé longs siècles de préparation ; et, ce qui est surtout important à noter, *le partenaire n'a pas à ravir à un concurrent une situation acquise ou même à disputer cette situation à un adversaire de force plus ou moins égale ; il obéit à une loi de nécessité supérieure et non point à son ambition; son but est d'occuper, dans l'intérêt du monde beaucoup plus que dans le sien, une place qu'il n'a pas contribué à rendre vacante* (..... or telles furent les conditions dans lesquelles se développèrent la puissance grecque et la puissance française.....).

Les conditions dans lesquelles le peuple français se trouva appelé à grandir étaient donc particulièrement faites pour développer en lui une psychologie beaucoup plus idéaliste que pra-

Ce caractère (c'est-à-dire l'ensemble des conditions dans lesquelles se sont

tique. Dans le chaos au sein duquel il naquit et se développa, les vertus morales et les qualités intellectuelles devaient jouer un rôle prépondérant. La nuit s'étendant sur le monde, le monde avait besoin d'un flambeau, et ce flambeau ne pouvait briller d'un éclat suffisant qu'à la condition de posséder en lui-même l'essence capable d'entretenir sa lumière. Du reste, sitôt cette lumière apparue, le monde entier s'inclinera devant elle, et cette magnifique sanction donnée par l'univers au peuple choisi par la destinée élèvera ce peuple à un sublime degré de grandeur morale par la conscience qu'elle lui donnera de sa mission.

Les conditions dans lesquelles s'élabora l'hégémonie anglaise furent tout autres. L'Angleterre ne pouvait prétendre, et n'a en effet jamais prétendu, avoir une « mission » à remplir (1). Son but, éminemment pratique, fut de ravir la puissance aux nations qui lui portaient ombrage, afin d'assurer son libre développement personnel.

Donc :

a) Non seulement le *but* de l'effort poursuivi par le peuple anglais était nécessairement plus pratique qu'idéaliste, mais encore les *phases* et les *résultats* de cet effort devaient développer en lui une psychologie pratique — et c'est parce

---

(1) J'essaierai de montrer tout à l'heure (chap. VI et suivants) qu'aujourd'hui elle le pourrait. Je suis convaincu qu'elle le devrait. On ne saurait rien dire qui légitime davantage les résultats de son effort. Et c'est ce qui me porte à considérer finalement notre abdication politique, *pour notre race dans son ensemble*, comme un acte peut-être peu conscient, mais en tout cas sublime, de nécessaire **abnégation**.....

qu'une telle psychologie existait déjà dans la race même que l'Angleterre fut capable de cet effort et atteignit le but que *son ambition* s'était fixé.

b) Au contraire, non seulement le *but* de l'effort poursuivi par le peuple français était nécessairement plus idéaliste que pratique, mais encore les *phases* et les *résultats* de cet effort devaient développer en lui une psychologie idéaliste, et ce n'est que parce que cette psychologie existait déjà dans la race que la France fut capable de cet effort et atteignit le but que *la destinée* lui avait fixé.

L'esprit populaire a fort bien traduit, chez les deux nations, la différence essentielle que je signale.

C'est, en ce qui concerne l'Angleterre, le mot que j'ai déjà cité : « *Nous ne gagnons qu'une seule bataille dans chaque guerre* (les autres batailles sont gagnées par les Alliés : 1800-1815, 1854-1855, etc...), *mais c'est la bataille définitive* » et c'est, en ce qui concerne la France, la réponse — si française ! — que Rostand a mise dans la bouche de Cyrano : « *Inutile?... Je le sais ! Mais on ne se bat pas dans l'espoir du succès..... Non ! non ! c'est bien plus beau lorsque c'est inutile.....* » (1).

> *b)* Psychologie essentiellement idéaliste du peuple français.

> Conséquences pratiques.

____

(1) Il y aurait toute une étude à faire (très intéressante — et qui, je crois, n'a pas été faite) sur Rostand psychologue, analyste de la faiblesse et de la beauté de l'âme française. Toute la valeur profonde de l'œuvre du poète est là. Je viens de citer « Cyrano »... « Chantecler », qui littérairement ne le vaut pas, s'inspire de la même idée. C'est le coq qui chante à l'aurore, persuadé qu'il commande au soleil. Et, même vaincu, désabusé, il chante

*
* *

LE DEVOIR
DE
NOTRE DIGNITÉ

La « mission »
de la France, réa-
lité cosmique...

Quoi qu'il en soit pourtant de la beauté de cette abnégation, quoi qu'il en soit même aujourd'hui de sa nécessité, puisque semble apparaître un monde nouveau pour lequel n'est point faite la sereine et douce lumière dont nous avons éclairé et réchauffé l'ancien, notre désintéressement ne doit pas nous faire oublier que le rôle même que nous avons joué nous impose un suprême devoir : celui de notre propre dignité.

Dans le grand mouvement cosmique des races de l'Orient vers l'Ouest, la France s'est trouvée le dernier rempart contre lequel sont venus échouer les courants successifs de la marée humaine, apportant sur leurs vagues houleuses et jetant aux pieds du phare lumineux de l'Occident les débris de toutes les civilisations qui s'étaient succédé dans le monde : civilisations mongole et indienne, transmises d'abord aux peuples de l'Iran et dont tout ce qu'elles avaient de précieux et de durable se retrouve dans les civilisations, plus proches de notre ère, d'Egypte, d'Assyrie (1)

---

encore. Il en meurt cependant, tout comme Cyrano, — tout comme (dans des conditions un peu différentes, il est vrai...) le héros de la « Princesse lointaine ». Il y a dans tout ceci quelque chose à la fois de sublime et d'étrangement déconcertant. Nous chercherions en vain la conclusion du sage : Rostand ne nous l'a pas donnée.

(1) Il faut s'entendre sur le rôle « civilisateur » de l'Assyrie. Ce rôle fut surtout néfaste et destructeur ; il se réduisit à peu près à ruiner, par le débordement lubrique et sans frein de la force brutale, la grande civilisation égyptienne. Néanmoins l'Assyrie contribua à nous transmettre ce qui lui restait étranger... Et, en somme, le rôle de Rome antique fut-il beaucoup autre chose ?.....

et de Judée — civilisation grecque, qui n'a été que la forme superbe qu'un peuple de demidieux sut donner à l'œuvre qui lui avait été assignée en partage : celle de transmettre à Rome naissante les civilisations de l'Orient — civilisation latine (I), enfin, née des précédentes, et que le génie particulier de la France devait compléter et modifier au cours des âges, en y ajoutant tout ce que, dans l'incessant travail de sa pensée, l'humanité devait produire d'éternel.

La « mission » de la France était une réalité cosmique. Mais le malheur voulut que cette formule — une des seules qui correspondît réellement à une vérité concrète — ne servît plus, durant trente ans, qu'aux orateurs de distributions de prix, au psittacisme parlementaire et à la vanité des politiciens.....

Car si, contrairement au mot de Gambetta — premier « homme politique » de la Décadence et, à ce titre, faiseur fameux de phrases sonores — bien loin de « penser toujours à la revanche et de n'en parler jamais », nous en avons au contraire parlé beaucoup sans y « penser » sérieusement jamais..... si, pour tout dire, en 1914, **nous n'étions pas prêts,** quelle en est donc la cause ?...

...mais devenue un vain mot parce que nous en avons fait une gloire avant d'y voir une responsabilité.

C'est que trop souvent, sous la Troisième

---

(1) Je souhaiterais qu'on ne confondît pas la civilisation proprement « romaine » avec la civilisation « latine ». La vraie civilisation latine (Etrusques, etc...) précéda la civilisation romaine : elle fut en quelque sorte interrompue, mais aussi transformée et fortifiée, par elle ; du reste, elle lui survécut et dut au christianisme son plein épanouissement.

République, on nous parla de notre « mission ».

Mais ce fut toujours pour nous en parler ainsi que d'une gloire.

Il fallait nous apprendre — et surtout il fallait savoir — que cette gloire était d'abord, et avant tout, *une responsabilité*.....

CHAPITRE III

La Thèse officielle du Conflit

Toutes les questions, même secondaires, qui se rattachent au conflit mondial, sont tellement compliquées et dans une dépendance si étroite les unes des autres, qu'en l'échafaudage de faits et de conclusions tirées de ces faits que notre besoin naturel de comprendre et d'expliquer a provisoirement construit, il est à peu près impossible de modifier non pas même un seul fait, mais une seule conclusion, sans compromettre l'équilibre du bâtiment tout entier.

En outre, et à notre insu, nous sommes complètement suggestionnés par ce que j'appellerai « *la thèse officielle du moment* ».

L'Autriche voulut étouffer la Serbie — La Russie ne put se résigner à permettre cet asservissement d'un peuple slave par une nation germanique — L'Allemagne aux aguets profita des circonstances pour tenter de réaliser son plan d'hégémonie, dès longtemps conçu et préparé — La France, alliée de la Russie, se leva pour la défendre — La Prusse, afin d'avoir les mains libres du côté de l'ouest, viola la neutralité belge, croyant en

Complexité du problème.

ÉNONCÉ
DE LA THÈSE

finir d'un seul coup avec notre résistance. — Gardiens sévères et respectueux des traités, défenseurs des peuples faibles et des neutralités méconnues, les Anglo-Saxons d'Europe d'abord, du Nouveau-Monde ensuite, firent de la **cause du Droit** et du **triomphe de la Justice** une question de loyauté et d'honneur national. — Derrière eux vinrent les autres peuples, soucieux de protéger leur indépendance contre ce danger d'hégémonie qui les menaçait et sentant qu'ils ne pouvaient en être mieux défendus qu'en se rangeant aux côtés de celle de toutes les puissances du monde qui rêva le moins de le conquérir. — Le Portugal s'aperçut donc qu'il n'avait nulle raison de rancune contre l'Angleterre; le Brésil, l'Argentine, et jusqu'au petit Uruguay, comprirent enfin que la doctrine de Monroë était toute en leur faveur, qu'ils ne trouveraient jamais de protecteurs plus puissants et plus désintéressés que les Etats-Unis, tandis que l'Allemagne, lointaine il est vrai, mais ambitieuse et brutale, était, pour leur avenir, bien autrement à redouter. — L'Italie se souvint que de grandes traditions l'unissaient à ses frères de race latine; la Roumanie, qu'elle était comme la sœur jumelle de l'Italie et le rempart de la civilisation latine entre la Germanie barbare et les Russes semi-asiatiques. — Le Japon, qui n'avait pas refusé à la Grande-Bretagne de marcher contre le tsar lorsque ses amis d'Extrême-Occident le lui demandèrent, consentit avec *la meilleure grâce à venir au secours de ce même tsar lorsque les mêmes amis vinrent l'en prier. Et ainsi du reste... Le « delenda Carthago ! » fut poussé et Carthage tomba parce qu'elle menaçait la liberté du monde. Carthage tombée, le monde d'ailleurs n'a plus de menace à craindre ; sa liberté est désormais sauvée.*

*
* *

Tel est bien, si l'on accepte d'être sincère et conséquent, l'édifice que doivent constituer, bon gré mal gré, pour tout esprit qui se préoccupe de n'être pas taxé de subversif, les phases successives du conflit, depuis son origine jusqu'à son dénouement. Car mettre en doute sur un seul point le bien-fondé des déductions admises équivaudrait à renoncer aux conclusions tant les unes et les autres s'enchaînent avec rigueur. Or nous tenons à ces conclusions rassurantes : il est encourageant de se dire que la liberté du monde est sauve — il est méritoire de le croire sincèrement — il est avantageux d'assurer les autres que nous le croyons. Aussi, viendrions-nous à en douter nous-mêmes, nous nous garderions de permettre qu'autour de nous l'on en doutât, et, plus encore, qu'on soupçonnât que nous en doutons...

La « *thèse officielle du moment* » a d'abord pour elle cette sorte de convention tacite qui fait que nous craignons d'être subversifs ou taxés comme tels.

Elle a aussi quatre ans et demi de dictature mi-

COMMENT
LA THÈSE
OFFICIELLE
S'EST IMPOSÉE

litaire pendant lesquels nous n'avons connu, des événements innombrables qui se sont produits, de leurs suites et de leurs causes, que ce que nous ont laissé voir ou savoir les multiples censures par quoi la dite thèse était protégée. Celle-ci a donc fini par prendre corps très fortement, en sorte qu'aujourd'hui même où toute contrainte est à peu près supprimée... officiellement du moins, nos raisonnements les plus libres en apparence se fondent encore, cependant, sur une base immuable de convictions qui, elles, nous avaient été imposées sans presque que nous nous en rendions compte.

Des manifestations qui paraissent la contredire

Et pourtant nous prétendons... la majorité des Français, actuellement, prétendent... avoir été dupés. Il est bien entendu qu'ils se trompent et que nous ne pouvions avoir un meilleur traité de paix : tous nos hommes politiques nous l'affirment et notre amour-propre ne nous incite pas moins à les croire que leur intérêt ne les incite eux-mêmes à nous persuader. Néanmoins, un malaise existe qui ressemble très fort à une déception doublée d'un vif mécontentement, et le signe le plus certain de la gravité de ce malaise apparaît précisément dans les efforts que s'impose, avec une constante et louable unanimité, toute la presse loyaliste, dans le but de combattre et de dissiper notre amertume.

De nos moyens de la contrôler.

Il y aurait, ce semble, un moyen facile et sûr de savoir à quoi nous en tenir sur la valeur exacte de la thèse résumée plus haut et qui, si elle correspond en tous points à la vérité, nous ôte évidemment tout droit de nous plaindre, puisqu'il ressort des explications qu'elle nous offre : 1° que la plus grande partie des nations alliées se sont levées *pour nous défendre* et que nous devons par conséquent nous estimer heureux, et infiniment reconnaissants envers ces mêmes alliés, du seul fait d'avoir été sauvés (1); 2° que nous avons été les champions de la Civilisation et de la Liberté humaines, et que donc nous sommes le plus favorisé des peuples puisqu'il nous a été donné de préserver de la botte prussienne la Civilisation et la Liberté (2). Pour vérifier jusqu'à quel point ces conclusions — et la thèse même qui nous les impose — sont d'accord avec la réalité, il suffirait, maintenant que le droit de contrôle nous est à peu près rendu, de rechercher consciencieusement, faisant table rase de toutes les opinions prématurées un peu légèrement acquises : 1° Quelles sont, parmi les explications que nous avons admises, celles qui se trouvent vérifiées; 2° Quelles sont celles qui apparaissent aujourd'hui notoirement fausses; 3° Sur quelles d'entre elles nous

---

(1) Clémenceau, qui aida beaucoup à ce que « le monde » pût nous sauver, car ses prédécesseurs eurent parfois des défaillances et hésitèrent à y consentir, Clémenceau eut toujours le noble souci d'acquitter, et, au besoin, de souligner la dette de gratitude que nous avions ainsi un peu inconsidérément contractée : « *Lloyd George me demanda : Reconnaissez-vous que sans la flotte britannique vous n'auriez pas pu continuer la guerre? Je répondis : Oui ! — Etes-vous disposé à faire quelque chose pour nous empêcher de recommencer ? J'ai répondu : Non !* » (Déclarations du Président du Conseil des Ministres de France à la Chambre des Députés, 29 décembre 1918).

...Toute notre « abdication politique » est peut-être là. *Nous n'avons pas voulu empêcher l'Angleterre de recommencer...*

(2) C'est encore ce que Clémenceau sut si admirablement traduire : « *Hier, soldat de Dieu !... Aujourd'hui, soldat de l'Humanité !... »*

...Que voudrions-nous donc encore ?...

devons avoir la prudence de réserver notre opinion ; 4° Quel lien, quel rapport ont entre elles les phases successives du conflit : lien de dépendance rigoureuse, ainsi qu'on nous a accoutumés à l'admettre, ou, tout simplement, lien de succession.

Ces moyens sont-ils à notre portée ?

Malheureusement, ce travail de recherche et de contrôle nous est presque impossible. Revenir patiemment en arrière... suivre au jour le jour et rétrospectivement la succession d'événements déjà depuis longtemps passés — de ces mêmes événements que nous disons connaître, sur lesquels nous dissertons, au sujet desquels nous avons notre opinion formée... vérifier les faits l'un par l'autre — et, l'une par l'autre, vérifier les explications qui nous en furent données... relever les contradictions... remarquer et approfondir tous les faits étranges et innombrables que les diplomates nous présentent comme pures « coïncidences » parce que cette appellation dispense de nous rien dévoiler... tâcher de démêler les complications de l'échiquier mondial à tel moment de la partie où la situation de l'un des joueurs nous paraît avoir présenté des particularités singulières... nous appliquer enfin à modifier non seulement notre jugement particulier sur chaque point que nous aurons vu sous un jour nouveau, mais encore notre jugement général sur tous les autres points auxquels le premier peut se rattacher d'une façon quelconque... tout cela nous demanderait plus que du temps, plus que de la patience, plus qu'un ardent désir de sincérité et un effort non moins ardent d'objectivité et d'abstraction ; il y faudrait une abnégation parfaite, un oubli presque complet de la vanité de notre moi. Et nous avons déjà tant à faire pour suivre, maintenant, au fur et à mesure qu'elle se déroule sous nos yeux, la partie, toujours plus complexe semble-t-il, qui se joue sur la scène du monde !... tant à faire pour recueillir et démêler les explications contradictoires de coïncidences nouvelles, d'énigmes et de révélations !... tant à faire pour nous tenir « à peu près » au courant des faits multiples et passionnants que chaque jour de Dieu nous apporte, depuis le mystère de la malle verte jusqu'à la mort de Koltchak, en passant pêle-mêle par le tamponnement d'hier, la grève de demain, la crise du change, la dernière décision de Lloyd George contredisant sa décision précédente, les pourparlers de Litvinoff et de sir O'Grady, l'affaire Caillaux, l'affaire Landru, l'affaire Judet, et l'affaire de la bonne du chauffeur de l'ami de Judet !...

*
* *

En fait, nous admettons bien qu'il y eut, dans la grande lutte à laquelle nous venons d'assister, autre chose que le strict enchaînement de faits et de conséquences que la thèse officielle nous présente. Il nous paraît même que cet enchaînement est trop rigoureusement établi pour que le hasard soit parvenu tout seul à le produire, et notre instinct perçoit assez nettement ce que notre raison craindrait de constater. C'est ainsi que nous avons successivement parlé tout bas de

RESTRICTIONS MENTALES ET RESPECT HUMAIN...

guerre économique entre l'Angleterre et l'Allemagne, puis de lutte entre puissances rivales pour l'hégémonie des mers. Mais, spécieux et doctrinaires, tenant à la « lettre » des formules que nous avons une fois établies, nous avons convenu qu'aucune induction ne saurait prévaloir contre les déductions ingénieuses dont notre édifice était construit. Même lorsque nous avons dû avouer que certains faits, invoqués d'abord comme « causes », avaient en réalité la simple valeur de « prétextes » habilement exploités, notre imperturbable logique trouvait, à demeurer sereine, de fort subtiles raisons. « Soit ! » disions-nous... « et qu'importe ?.. » si le prétexte fut « *légitime* » et s'il a pu faire office de cause en toute « *légitimité* » !...

Droit, Justice et Vérité.

C'est bien, en effet, de **Légitimité** plus que de **Droit**, de **Doctrine** plus que de **Justice**, de **Logique** plus que de **Vérité**, que nous nous soucions. Et ce que, pompeusement, nous appelons des **faits**, n'apparaîtra aux yeux de l'avenir que comme l'explication provisoire (très souvent préparée par anticipation...) donnée de ces faits eux-mêmes par les parties intéressées. Je veux parler ici des déclarations, pourparlers, échanges de notes officielles ou confidentielles, rapports secrets et démarches de toutes sortes, de tous les préliminaires enfin dont toute guerre est toujours précédée, de toutes les révélations et les déclarations dont ses phases sont accompagnées, de tout ce, en un mot, par quoi les diplomates la préparent et jusqu'à un certain point la conduisent, et les Gouvernements l'expliquent pour se disculper.

Ces préliminaires et ces déclarations — plus ou moins habilement constitués en dossiers, d'ailleurs contradictoires souvent en leurs parties, mais à peu près irréfutables en leurs conclusions — forment la réserve documentaire sur laquelle chacune des nations engagées dans la lutte s'appuie pour se justifier. Les livres de toute couleur et de toute nuance, publiés au cours de la guerre et des négociations de paix par tous les Gouvernements intéressés dans la lutte, n'ont pas eu d'autre but — et il est absolument permis de prétendre qu'à ce but même et à la mesure dans laquelle ils l'ont atteint se limite leur intérêt.

C'est ainsi, d'ailleurs, qu'à une certaine distance des événements qu'elle retrace, l'Histoire considère les choses. Pourtant, l'Histoire, nous l'avons dit, est nécessairement partiale. Et il n'en saurait être autrement, puisqu'elle ne peut pas éviter de louer et de défendre le peuple dont les annales lui sont confiées et puisqu'elle doit, par conséquent, « justifier », elle aussi, autant que possible, aux yeux de ce peuple, les grandes causes — vérités ou mensonges, n'importe... — pour lesquelles il a versé son sang... Du moins est-elle plus que nous objective, et je dirai volontiers : plus habile, même dans sa partialité.

C'est qu'elle sait bien que tout peuple qui entreprend une guerre — et surtout qui apporte à la lutte le degré d'ardeur, d'enthousiasme et d'unanimité sans lequel il serait impossible à cette lutte de durer — le fait parce qu'il est convaincu d'avoir pour lui le **Droit**. Cette conviction, et surtout les raisons qui la déterminèrent, intéressent évi-

De la valeur des « documents » diplomatiques de la guerre en tant que « preuves » aux regards de l'histoire objective du conflit.

demment .la curiosité des historiens ; mais les livres bleus, blancs, verts ou jaunes, par lesquels les Gouvernements en cause se sont appliqués à légitimer ces raisons et fortifier ces convictions, n'ont, aux yeux de l'Histoire, qu'un intérêt tout secondaire. Bien mieux : plus elle sera éloignée des événements qu'elle retrace, plus elle sera objective et impartiale, plus l'Histoire s'efforcera de chercher les causes du conflit en dehors des faits invoqués par ceux qui le conduisirent ou le déterminèrent, et elle ne tiendra guère compte de la conviction que tel ou tel peuple avait dans la justice de sa cause que dans la mesure où cette conviction sera née de motifs indépendants de ce que j'ai nommé « *la thèse officielle du moment* ».

Exemples tirés du siècle dernier:

... la dépêche d'Ems...

Déjà la dépêche d'Ems, qui joua, dans les déclarations de nos diplomates, au sujet de la guerre de 1870-71, le même rôle à peu près que joue, dans la thèse du conflit mondial, l'ultimatum de l'Autriche à la Serbie, n'occupe plus que très peu de place dans les manuels de nos candidats bacheliers. Notons pourtant que la dépêche d'Ems fut réellement tronquée et que l'ultimatum de 1914 est parfaitement provocateur... — Trente ans après la prise de Sébastopol, la guerre de

... la guerre de Crimée...

Crimée nous apparaissait comme une injustice, et, qui bien pis est, comme une faute. Les contemporains de Napoléon III ne l'ont pas moins considérée comme légitime et nécessaire à nos intérêts. — La participation de la Russie aux coali-

... la participation de la Russie aux coalitions formées contre Napoléon...

tions formées contre Bonaparte fut, de l'aveu des historiens russes eux-mêmes, la grande erreur de laquelle naquit cette nouvelle guerre de Cent Ans (1) que l'Occident ignore parce qu'elle n'eut pas pour théâtre notre petit morceau de continent... — Nous-mêmes enfin, nous avons (... ou nous avions — car les convictions changent en même temps que se transforment les sympathies...) modifié quelque peu notre opinion sur le compte de ce même Bonaparte, et nous avions fini par reconnaître que ses expéditions en apparence les plus aventureuses et les plus folles étaient beaucoup moins dictées par la démence d'une insatiable ambition que par la prévoyance d'un génie politique plus admirable et plus puissant que le talent militaire du chef d'armée. (... On peut dire que le talent militaire de Napoléon ne fut qu'une application de son génie politique à l'art de la guerre...) La France de 1815 renversa cependant Napoléon Ier pour les mêmes raisons — y compris ce grand facteur qu'est la défaite... — pour lesquelles l'Allemagne de 1918 a renversé Guillaume II ; le principe du **Droit** et de la **Justice** fut également ce qui porta l'Europe à exiger l'une et l'autre exécutions, et si nous avions la curiosité de feuilleter aujourd'hui les déclarations, les révélations et les libelles dont William Pitt et Castlereagh inondèrent, de 1800 à 1815, ce qui constituait alors le monde, nous serions frappés de constater jusqu'à quel point et jusque dans quels détails « *l'ambition démesurée des Hohenzollern* » ressemble

... nos revirements d'opinion sur Napoléon...

----

(1) Russie-Angleterre ; 1816-1920. (Cf. chap. X « La guerre de Cent Ans pour la possession de l'Asie ».)

au « *joug odieux de l'usurpateur Buonaparte* ».

Or la France de 1815 n'était pas moins convaincue — et, surtout, n'était pas moins sincère — en détrônant son Empereur que ne l'est aujourd'hui l'Allemagne en répudiant le sien.

Est-ce à dire qu'elles eurent tort l'une et l'autre? Je crois, au contraire, très fermement que, dans leur intérêt personnel comme pour la tranquilité du monde, elles furent sages toutes deux de sacrifier l'homme aux intérêts de la nation. Il n'en reste pas moins qu'en cet homme l'Histoire, au bout d'un demi-siècle, consent à voir autre chose qu'un ambitieux ou qu'un criminel... que plus d'une fois, au cours de ce même siècle, le peuple qui avait surtout contribué à la chute du tyran a l'occasion de déplorer cette chute (1)... enfin, et plus que tout, qu'en dépit de tous les faits, de tous les documents, de toutes les preuves de duplicité qui soulevèrent contre Napoléon toutes les nations de l'Europe continentale et jusqu'à la France elle-même, nous n'en sommes plus à croire, et depuis longtemps, que William Pitt et Castlereagh furent, au commencement du siècle dernier, les champions de

---

(1) Je veux parler du peuple russe pour qui la chute de Napoléon fut certainement néfaste... Je n'ai d'ailleurs nullement l'intention de nier que cette allusion nous concerne aussi. Etant donné l'état dans lequel vingt années de guerres avaient mis la France en 1815 (état qu'on peut comparer à celui dans lequel se trouve aujourd'hui l'Allemagne après quatre années et demie d'une lutte beaucoup plus épuisante et suivie de quinze mois de Révolution...) on peut dire que la France gagna plus que la Russie à sacrifier Napoléon. Il est très possible que, dans quelque dix ans d'ici, le peuple allemand se trouve avoir gagné beaucoup plus que nous à la chute de Guillaume II. Souffrira-t-on que je dise que cela est même probable ?

la liberté du monde dans la lutte qu'ils soutinrent contre Bonaparte.

Ce serait exagérer toutefois que de ne tenir absolument aucun compte de toute cette documentation que les diplomaties adverses accumulent soit pour entraîner l'opinion des masses, soit pour se convaincre mutuellement de fourberie. Outre qu'elle contient réellement des faits dignes d'attention, elle nous permet de comprendre comment, jusqu'à quel point, et avec quelle habileté plus ou moins grande, chacune des nations engagées dans la lutte a su mettre le **Droit** de son côté. Cela est tout aussi important — et l'est même, en somme, bien davantage — que de savoir comment, grâce à quelle manœuvre géniale ou à quel héroïsme, telle victoire, sur le champ de bataille, fut remportée. Car l'histoire d'un conflit se compose, comme le conflit lui-même, de deux parties bien distinctes :

a) La lutte **militaire** qui a pour objet de mettre de son côté la **Force...**

b) La lutte **diplomatique** qui a pour but de mettre de son côté le **Droit...**

Pas plus que la victoire **stratégique** (qui consiste à vaincre l'ennemi sur le champ de bataille) ne suffit, nous l'avons vu, à déterminer les **résultats** pratiques de la lutte, — la **victoire diplomatique** (qui consiste à savoir établir, voire par la contrainte, une thèse suffisamment solide d'arguments pour prévenir ou pour vaincre les résistances de l'opinion) ne suffit à nous indiquer quelles furent les véritables **causes** du conflit.

Les ruses de Talleyrand sont intéressantes au

même degré que la jonction des armées de Blücher et de Wellington sur le champ de bataille de Waterloo, et les preuves de la duplicité de Guillaume II ou des machinations de Bonaparte ont pour l'Histoire la valeur exacte de l'effet qu'elles ont produit, tout comme une retraite simulée, une attaque nocturne ou un faux mouvement destiné à tourner l'ennemi valent par le succès qui les a suivis. Ceci, comme cela, d'ailleurs, nous éclaire sur la psychologie des combattants, sur leur conception du droit et de la morale, sur leur culture et leur éducation. Mais voir dans ces faits la source à laquelle nous pourrons puiser les renseignements propres à établir les **causes** et les **conséquences** du conflit, ce serait exactement s'imaginer que si nous possédons aujourd'hui l'Alsace-Lorraine, c'est parce qu'au début de la guerre, nous avons conquis Thann et enveloppé Colmar...

⁎

DANGERS DE L'APPLICATION A L'ÉTUDE DES FAITS CONTEMPORAINS D'UNE MÉTHODE EXCLUSIVEMENT DÉDUCTIVE.

Cessons donc de parler sans cesse de **faits,** de **preuves** et de **documentation.** Et consentons surtout à ne pas nous imposer l'esclavage d'une méthode exclusivement déductive. Aussi bien ne savons-nous pas, ne sentons et ne voyons-nous pas que, vivant en quelque sorte dans un mensonge palpable, nous aidons nous-mêmes, « *à force de nous forcer* », à rendre ce mensonge plus invincible? Demandons-nous plutôt d'où vient la force de cet esclavage...

Pour peu que de près on l'examine, il ne paraîtra pas possible de n'y voir qu'une aberration accidentelle. Il est si évident, en effet, qu'à côté des événements et des actes qui nous sont connus il en est d'innombrables qui nous sont cachés... il est si incontestable que les déductions logiques des thèses les plus abondamment documentées sont en contradiction brutale avec la réalité qui est sous nos yeux... il est tellement indéniable qu'à côté des buts de la guerre que l'on nous présenta et des accords diplomatiques dont on nous a parlé, des buts ont été atteints (sinon poursuivis) et des accords sont nés (sinon conclus) autres que ceux que nous attendions... il est si certain, en même temps, que tout cela n'aurait pu advenir si nous n'eussions été constamment retenus dans nos prévisions et nos recherches par la servile acceptation que j'ai dite d'une méthode interdisant toute induction, c'est-à-dire précisément toute prévoyance et toute recherche... en un mot, il est à tel point hors de doute que cette méthode a merveilleusement servi à nous conduire aux résultats que nous constatons aujourd'hui, qu'il est naturel de se demander si la méthode n'a pas pour origine la même cause secrète à laquelle sont dus les résultats...

Comme ce livre — je tiens à le rappeler — ne veut pas être autre chose qu'une simple introduction à l'étude plus complète que les historiens futurs, à défaut de nous-mêmes, ne manqueront pas de tenter des profondes modifications survenues en notre monde politique, social et moral, je me contente ici, sans la résoudre, de poser la question. Mais je crois que s'il n'est pas pressant de découvrir la source de notre erreur, il est par contre indispensable de n'aller pas plus avant sans l'avoir constatée et dissipée. Et ma conclusion est qu'il ne faut dédaigner ni les documents ni les faits, mais qu'il serait peu sage, puisque nous ne les connaissons pas tous, de nous en tenir à eux.

Pourquoi l'histoire objective doit savoir sortir de cette méthode pour « prévoir »...

D'ailleurs, si pour chacun des grands événements rapportés par l'Histoire, nous recherchons l'explication qu'en donnèrent les contemporains, nous constatons que, parmi ceux-ci, les seuls qui aient su tirer un enseignement digne de survivre à leur époque sont toujours ceux qui n'ont pas cru devoir s'en tenir à une accumulation de documents et de faits, mais qui, sans rejeter de parti-pris les uns ni les autres, sans nier qu'ils soient utiles à connaître, s'en sont cependant dégagés pour rechercher les causes réelles et les conséquences finales. C'est que celles-ci, non plus que celles-là, ne sont, en effet, contenues dans aucun « *incident* » ni même dans aucune « *suite d'incidents* » considérés indépendamment de leur total et de leur produit, mais bien dans ce total lui-même et dans ce produit, autrement dit : dans un *ensemble de faits antérieurs*, suffisamment importants pour avoir pu constituer un **état** durable, un **mouvement** prolongé, une **tendance** forte et constatée...

C'est cet état, c'est cette tendance, c'est ce mouvement qui peuvent nous instruire, beaucoup plus que n'importe quelle révélation venue de Vienne ou n'importe quelle déclaration de M. Stéphen Pichon.

Mais, pour apercevoir ainsi le mouvement, la tendance, l'ensemble, nous devons avant tout apprendre à observer de haut : croyons du reste que le détail ne nous en apparaîtra pas avec moins de clarté. Car, au fur et à mesure que nous redescendrons lentement vers les choses, plus nous serons partis de haut, et plus nous les distinguerons avec netteté. A notre observation consciencieuse et vigilante, qui ne doit pas un instant cesser durant tout notre trajet du ciel à la terre, de l'abstraite synthèse à l'humble réalité, l'ensemble des faits se présentera à nous sous toutes ses formes, depuis la plus synthétique et la plus générale jusqu'à la plus concrète et la plus détaillée. C'est assez dire qu'il ne faut monter que pour redescendre ; et c'est ce que je souhaiterais que nous fassions ici. Au lieu qu'en restant obstinément sur le même plan qu'occupent les mille objets de notre observation nous risquons de nous perdre en leur multitude sans apercevoir jamais l'ensemble de l'édifice qu'ils constituent, nous sommes certains, au contraire, que, connaissant déjà la structure générale par la vision précise que nous en aurons eue en regardant de haut, nous serons ensuite à même de comprendre chaque détail à la fois comme partie du tout et comme élément indépendant.

*
* *

Comme c'est au point de vue que je viens de développer que je me suis placé toujours, on concevra que mes conclusions ne peuvent guère

... et *comment* elle le peut...

DES *FAITS*
EXISTANTS
QUI S'IMPOSENT

A NOUS EN DEHORS ET AU-DESSUS DE CEUX STRICTE-MENT RELATIFS AU CONFLIT.

1º La décadence de la puissance française malgré les victoires du peuple français.

2º Le constant effort de la race anglo-saxonne pour parvenir à l'hégémonie.

être influencées par un principe d'autorité tel que celui de l'opinion provisoire et factice que les diverses censures ont permis aux intéressés de déterminer dans un sens opportun et conventionnel.

1º La décadence effective, indéniable, de la **Puissance française** (je ne dis pas de la France parce que, justement, je considère cette décadence comme exceptionnellement produite par une direction forcée et faussée, imprimée à nos tendances...) cette décadence qu'au cours de deux siècles (1712-1912) nos splendides victoires, bien plus nombreuses et plus importantes que nos défaites, ont interrompue sans l'arrêter, me paraît un **fait** digne d'attention et qui, sans nous empêcher de constater la beauté de notre triomphe et de nous en réjouir, doit nous apprendre que le seul fait d'avoir vaincu, ne saurait, à lui-même, suffire à nous relever, — qu'il y a donc quelque part « autre chose » qui nous gêne, et que c'est cette « autre chose » enfin qu'il faut avant tout trouver.

2º - Le constant effort de la race anglo-saxonne (effort que j'ai déjà dit que je conçois comme légitime et qui, j'ajoute, pourrait être à nous-mêmes favorable...) pour parvenir à l'hégémonie, constitue aussi, à mon sens, un **fait,** et ce fait m'explique infiniment mieux la participation de la Grande-Bretagne et des États-Unis au conflit européen que ne peuvent le faire la violation de la neutralité belge, le torpillage des navires américains ou, surtout, les multiples raisons de sentiment sur lesquelles les hommes d'État se sont tant plu à insister toujours. Sympathies pour la France,

horreur de la brutalité allemande, souci du droit,
de justice, de paix : tout cela a été très réel, je
n'en disconviens pas ; cela a même déterminé nos
efforts à s'unir (et ce qui valait mieux encore, à
rester unis... tant du moins que le sort du monde
a dépendu de nous) ; mais cela n'a pas suffi à
faire naître ces efforts eux-mêmes dans toute leur
puissance et leur étendue.

3° - A une hauteur de vue plus objective encore,
le **fait** que, tandis que notre puissance effective
allait diminuant malgré nos victoires, celle de
l'Angleterre grandissait, même malgré ses défaites,
et souvent sans qu'elle eût besoin de prendre
part à la lutte... et presque jamais sans que
quelqu'un s'y lançât pour elle, me semble indiquer qu'il est des méthodes moins brutales et
moins palpables que le militarisme prussien, et
cependant facteurs de dévastations et de ruines
non moins pernicieux et non moins sûrs. Que
celles-là, pour être moins bruyantes, soient en
droit plus légitimes ; et que celles-ci, au contraire,
restent révoltantes en fait, je le veux bien — mais
nous ne saurions pas plus ignorer les premières
que nous ne pouvons approuver les secondes.

4° - Continuant à m'abstraire des contingences
du moment pour apercevoir le mouvement général qui, vraisemblablement, les a produites ou
tout au moins s'en emparera, je constate encore
que notre décadence correspond à la période
révolutionnaire de notre histoire (xviiie et xix^e
siècles : quatre Révolutions...) tandis que le développement de la puissance anglaise coïncide avec
la période conservatrice et traditionaliste du

Gouvernement de l'Angleterre (xviiie et xixe siècles : pas de Révolution...). Je vais pourtant jusqu'à admettre que cela ne prouve rien et qu'il est noble de vouloir, au prix de sa puissance matérielle en même temps que de son sang, réaliser un idéal sublime d'universelle fraternité... Je crois fermement que c'est ce que nous avons voulu, que notre aspiration était utile et belle, et que le jour où notre idéal serait réalisé, nous aurions infiniment plus fait pour notre bonheur particulier en travaillant à celui de l'humanité toute entière, que l'Angleterre n'aurait fait — en ne poursuivant que son avantage personnel — pour la prospérité de la race anglo-saxonne. Malheureusement, mon optimisme se heurte à de très graves contradictions :

a) Et d'abord, il me paraît que l'universelle fraternité dont nous rêvions est restée pour nous à l'état non pas même d'idéal, mais de pure idéologie, et que, pour avoir voulu dédaigner la simple pratique, nous n'avons réalisé, en ce qui nous concerne, la Fraternité, l'Égalité et la Liberté que sur nos murs, dans nos discours et sur nos parchemins... L'Angleterre, au contraire, — pratique et, si l'on veut, terre à terre — habile et, si l'on veut, égoïste — sans se payer de mots, sans prêcher d'Idéal, sans parler de "mission", a su réaliser le plus grand maximum possible de liberté, d'égalité et de fraternité pour *son* peuple, (1) ce qui est bien le meilleur titre à la

---

(1) Il faut ajouter : et des peuples qu'elle gouverne (à condition qu'il s'agisse seulement de ceux qu'elle colonise ouvertement) — J'entendais dire souvent pendant la guerre : "Mieux vaudrait

" mission " qu'elle aura droit plus que nous désormais de vouloir remplir dans la direction morale de l'humanité.

b) Et, d'autre part, il me semble que nos Révolutions produisent en effet moins pour nous mêmes qu'elles ne rapportent à nos concurrents. Car, à chacun des bouleversements par quoi les divers peuples prétendent rétablir l'harmonie du monde, je trouve l'Angleterre toujours très effectivement mêlée. Or les résultats prouvent qu'à tous ces bouleversements l'Angleterre gagne pour ainsi dire fatalement quelque chose — souvent même beaucoup (1) — tandis que les peuples en travail de révolution perdent matériellement plus ou moins, sans qu'on puisse affirmer avec certitude que leur évolution morale en a été réellement favorisée : nous ignorons en effet ce que cette évolution eût produit si elle n'eût pas été forcée...

Tout cela ce sont des **faits** et des faits non moins instructifs que tel démenti officiel de notre premier ministre ou telle prétendue falsification de documents. .

être une colonie anglaise qu'une alliée de l'Allemagne " — Certes... Mais qu'il vaudrait bien mieux être une colonie anglaise qu'une alliée de la Grande Bretagne ! (Voir le texte officiel du Traité de Paix et comparer).

(1) Le démembrement de la Russie, la ruine de l'alliance franco-russe et la résiliation des accords conclus en 1914-1916 avec le Gouvernement du Tsar constituent la plus fructueuse victoire que l'Angleterre ait jamais remportée. Cette victoire, qui met fin à la guerre de Cent Ans pour la possession de l'Asie, ajoutée à la défaite allemande et à la consécration de l'isolement français, marquera l'apogée de la puissance anglo-saxonne.

5° L'œuvre du Congrès de la Paix en ce qui concerne notre puissance effective et notre indépendance politique à venir.

5° - N'empêche : je tiens à mettre mon opinion d'accord avec celle qui se dit l'opinion du monde : je comprends que j'ai tout intérêt à le faire et qu'il n'est rien d'ailleurs qui ne soit admissible par quelque côté. Un peu de bonne volonté suffit souvent à concilier avec les nécessités éventuelles l'indépendance de sa pensée. Dès lors, loin de vouloir fonder une thèse nouvelle sur une autre base que celle des **faits,** je ne me décide à abandonner ceux-ci pour passer à l'induction et à l'hypothèse qu'en faveur de cette même opinion contre la rigueur de laquelle je me suis d'abord insurgé. Sans croire tout à fait que la Grande-Bretagne ne songea jamais à conquérir le monde, je conclus, avec la plus entière sincérité — et par un paradoxe, on l'a vu, fort acceptable — que si les Anglo-Saxons ont rêvé la conquête de l'univers, ce n'est qu'afin, justement, d'assurer sa libération(1). A ce moment, le Congrès de la Paix consacre en Europe notre isolement que toute notre propre politique secrète avait minutieusement préparée, attise en Russie le bolchévisme que notre propre diplomatie secrète avait pris soin de soutenir dès le début, et s'efforce enfin à fonder une Société des Nations dans laquelle l'idéal humanitaire reste à l'état de gracieuse légende recouvrant un ésotérisme politique un peu trop transparent. Je ne nie pas que ces **faits** deman-

---

(1) Je le crois encore. Mais j'ai bien peur que notre abdication trop complète ne fasse s'égarer l'Angleterre, désormais omnipotente sur notre continent, dans la voie, beaucoup plus étroite et dangereuse, d'une hégémonie purement matérielle, c'est-à-dire d'une façon d'hégémonie romaine qui ne serait qu'une tyrannie dieuse et odieusement déguisée.

dent, pour être constatés, un peu plus d'attention et de travail qu'il n'en faut pour lire, par exemple, l'exposé des quatorze points de M. Wilson... Il n'en reste pas moins que ce sont des **faits.**

*
* *

A tout cela que m'oppose-t-on sous la dénomination pompeuse et magique de **preuves** et de **documents?**

Des multitudes *d'incidents*, dont le *total* sera, à coup sûr, éminemment instructif lorsqu'un triage et un classement provisoires seront faits, mais qui, pris à part, ne sont que le détail et, bien loin de nous renseigner sur l'ensemble, contribuent au contraire à nous le voiler. C'est, si l'on veut, la description, d'ailleurs toujours alléchante pour la masse, des circonstances dans lesquelles l'assassin a accompli son crime, de l'instrument aigu ou contondant dont il s'est servi, des ruses qu'il a imaginées pour surprendre sa victime, enfin de la nature et de la profondeur des blessures qu'il lui a faites. Tout cela est bel et bon, mais ne nous enseigne ni ce que la victime doit et peut faire pour se guérir des blessures qu'elle a reçues, ni (puisqu'elle ne fut pas seule à être attaquée et à se défendre...) par quel malencontreux concours de circonstances, après s'être trouvée la plus profondément atteinte, elle se trouve être encore la moins récompensée de son sacrifice, la moins aidée dans sa pénible convalescence et la moins protégée contre l'attaque

COMMENT
LA MÉTHODE
SCIENTIFIQUE
CONTEM-
PORAINE
DÉTOURNE
NOTRE
PERSPICACITÉ
DE L'ÉTUDE
APPROFONDIE
DES *FAITS*.

possible d'un nouvel agresseur plus prudent ou mieux armé.

Ici encore, c'est à l'esclavage d'une méthode soi-disant scientifique, mais qui nous fut inculquée par un long travail de pression morale, qu'il faut nous en prendre. Car notre conception même de la science nous interdit de chercher et d'apercevoir ce qu'on pourrait appeler l'âme des choses et des événements.

A en croire nos raisonneurs contemporains, sophistes dogmatiques, pédants formalistes et sans idées, il a fallu plus d'un siècle pour que l'histoire de la Grande Révolution puisse être "à peu près" définitivement constituée, et, donc, il ne faudra pas moins de deux ou trois siècles pour que l'histoire du conflit mondial puisse être tentée !... Voilà par quoi l'on arrête notre prévoyance et par quelle sorte de conspiration tacite s'impose une thèse que nous savons artificiellement construite, mais qui a le privilège d'être étayée par des **documents!...** En attendant, notre France de plus en plus, descend sur l'échelle des puissances. Mais qu'importe cela? Et, tout d'abord, la preuve? où est donc la preuve **"documentaire"** que nous descendons?.....

Là est le tort de la science contemporaine et le danger qui menace finalement ses efforts de stérilité. L'Histoire ne peut pas n'être qu'un immense casier où le triage seul des faits s'opère et où simplement s'enregistrent leur lien chronologique et leur dépendance rationnelle. A ce compte, elle ne serait même pas une science et resterait une œuvre froide autant que vaine dont nous aurions droit toujours de prétendre qu'elle n'est pas encore définitive...

"Un peu moins de science et un peu plus d'art, Messieurs! je vous en supplie!..." disait déjà le célèbre Trousseau (1) auquel personne, certes, ne contestera d'avoir été un savant très positif et d'avoir obtenu des résultats qui méritent d'être comptés.

Rationalistes et discoureurs plus que discuteurs et que raisonnables, nous ne savons plus que classer systématiquement, réduire nos conceptions en formules, disséquer ce qui vit afin de constater de quoi se compose ce qui déjà ne vit plus, recueillir et numéroter chaque parcelle de cire froide en déplorant que la flamme vacillante encore ne nous permette pas de saisir, pour le fixer dans le casier convenable, ce fil ténu qui brûle pourtant et qui, par conséquent, existe, mais dont ne reste — oh! désespoir! — lorsqu'il est enfin consumé, que ce qui précisément n'était pas l'essence dont se nourrissait la lumière...

Citée au tribunal pompeux et froid de la Science, comme autrefois devant Pilate parut Jésus, notre âme qui vibre, qui nous tourmente et que nous sentons, ne sait que répondre au scepticisme, d'ailleurs élégant et qui voudrait être débonnaire, de son juge désenchanté : "*Quid est veritas ?*"

"*Omnis, qui est ex veritate, audit vocem meam. - Dixit ei Pilatus: Quid est veritas?*" (2).

----

(1) Voir page 33 et suivantes de "l'Introduction à la Clinique de l'Hôtel-Dieu" dans laquelle Trousseau s'étend longuement sur la façon dont il convient de se servir des faits et critique les tendances modernes avec un remarquable bon sens.

(2) St-Jean XVIII-38.

...L'âme? l'esprit? le cœur? Ah! si tout ce qui constitue ces indéfinissables choses pouvait être examiné au microscope, conservé sous un globe de verre et exposé dans nos laboratoires sur une planche étiquetée, nos savants modernes connaîtraient la suprême jouissance... Du moins s'essaient-ils à traduire en formules ce dont les progrès mêmes de leur art ne leur permettent plus de douter. La psychologie tend à se résoudre en équations et l'art lui-même à n'être plus qu'une mathématique appliquée. Le temps n'est pas loin où nous saurons exactement quelle quantité de radium se dégage de notre cerveau quand nous pensons, et où nous posséderons l'analyse spectrale de cet impondérable fluide dont toute force, et notre âme elle-même, est composée. (1) Encore serait-ce un jour heureux que celui où la science consentirait à reconnaître la présence de ce fluide dans l'insondable éther, et où elle constaterait que nos idées ont la même réalité concrète que les ondes sonores, lumineuses ou galvaniques. Nous aurions du moins le droit de penser à d'autres choses qu'à des formules ; au besoin, nous nous consolerions en songeant que notre pensée elle-même n'est pas autre chose "qu'une formule qui se résout" et que nous avons ainsi l'avantage de faire continuellement de l'algèbre, comme M. Jourdain faisait de la prose, sans le savoir...

---

(1) Ce fluide a déjà un nom dans la science. Reichenbach et Grégory l'ont appelé *l'odyle*,

CHAPITRE IV

La Mentalité Française

Les peuples à tendances idéalistes (j'entends : tendances constituant le fond même de leur mentalité et correspondant aux raisons cosmiques de leur développement) sont généralement inaptes à l'art politique dont nous avons constaté l'importance primordiale.

ABSENCE
DE GÉNIE
POLITIQUE
CHEZ
LES PEUPLES
A TENDANCES
IDÉALISTES

Le peuple grec remplaça le génie politique par la ruse...

Le peuple français le remplaça par l'esprit.

Le peuple grec et le peuple français nous offrent deux exemples suffisant à établir cette vérité : le peuple grec remplaça le génie par la ruse (I); le peuple français le remplaça par l'esprit.

A part Talleyrand, dont le génie se rapprochait plutôt du génie grec que du français, nos grands politiques, Mazarin, Napoléon (génie politique

---

(1) Il n'est pas de peuple dont l'histoire présente autant de "ruses de guerre" — d'ailleurs enfantines et naïves pour la plupart — que le peuple grec. L'importance que les Grecs eux-mêmes attachaient à cette singulière capacité de leur race et le soin que prenaient les institutions de Lacédémone de développer cette capacité chez les jeunes Spartiates ne font que prouver à quelle primitive conception de l'art politique le peuple grec était resté au moment où sa puissance atteignait à peu près son apogée. Mais la ruse est chose toute différente de l'habileté et produit souvent des effets contraires. La ruse engendre la trahison... et les admirateurs de la Grèce antique doivent souvent regretter de voir tant de traîtres et de transfuges parmi les guerriers lacédémoniens.

plus que militaire) furent des diplomates de l'école italienne... Restent : Louis XIII et... le fondateur encore attendu de la France nouvelle.

Nécessairement voués à une faiblesse politique à peu près insurmontable, nous avons cependant traversé des époques de crise susceptibles de produire, chez l'individu et momentanément, le génie qui n'appartenait pas à la race.

Tel fut le cas de Louis XIII (ou Richelieu, car il paraît bien que tous deux ne font qu'un) qui fut appelé à consacrer le « *to be or not to be* » de la *nation* française telle qu'elle existe depuis son règne et telle qu'elle n'existait pas avant son règne. Tel aurait dû être le cas de la crise actuellement traversée par la France. Clémenceau était, sans s'en douter lui-même, « *l'homme que la crise avait produit* ». Malheureusement, les contradictions nées de l'acceptation par notre régime de formules abstraites et irréalisables ont produit l'étouffement de l'individu au profit de la collectivité. D'où : développement de l'intelligence aux dépens du génie. Car non seulement le génie est chose étrangère à l'intelligence, mais l'intelligence lui est en quelque sorte ennemie. Comme tous nos « hommes politiques », Clémenceau était trop strictement intelligent pour posséder le génie politique nécessaire.

Nos hommes politiques se distinguent donc surtout par l'esprit. Esprit très fin souvent — profond, quelquefois — pratique, jamais.

Il n'y a aucune nation qui possède autant d'« hommes politiques » que la France. Elle est la seule nation, je crois, où ce titre soit adopté à l'instar d'un diplôme universitaire ou d'un brevet patenté (...et s'inscrive sur les cartes de visite !).

A cette faiblesse, un remède cependant semblait pouvoir être apporté : la connaissance de l'étranger.

IGNORANCE
ET DÉDAIN
DE L'ÉTRANGER

Apprendre à juger la France du point de vue allemand, anglais, russe, japonais, etc... — renoncer à juger l'Allemagne, l'Angleterre, la Russie, etc... du point de vue exclusivement français, quitte à reprendre ce point de vue pour les conclusions **pratiques** à adopter — tel était le moyen presqu'infaillible de contrebalancer notre inaptitude native à l'art politique : *mettre les choses devant soi et non pas se mettre devant les choses*. Nous avons fait tout le contraire ; nous nous sommes entêtés à ne pas sortir de c'ez nous et n'est-ce pas un peu ce manque d'air, de lumière et d'exercice qui affaiblit notre race et influe sur notre natalité? Le Français, casanier, gagnerait, physiologiquement et psychologiquement à « *sortir de chez lui* », comme il gagnerait à avoir plus de portes et de fenêtres sur l'espace — ... et à supprimer l'impôt qui en limitait encore le nombre il y a quelques années.

Mais tout n'est pas de sortir — il faut voir. Et pour voir, il faut savoir regarder. Or :

On rencontre bien, il est vrai, des Français un peu sur tous les points du globe. Mais ceux-là même, en réalité, ne quittent guère la France en passant à l'étranger. Au moment de traverser la frontière de cette patrie qui, pour eux, est non seulement la seule chose qu'ils aiment, mais encore la seule qui mérite d'être comptée, ils

Comment
le Français
voyage...

mettent soigneusement dans leur poche, entre le portefeuille et le mouchoir, tout ce qui, dans leur idée, constitue la France « premier peuple de l'Univers », — et déplient avec émotion leur petit bagage d'illusions, en même temps que le mouchoir et le portefeuille, à chaque arrêt du train. — C'est dans ce cadre qu'ils continuent ensuite à vivre à l'étranger — c'est à travers lui qu'ils observent, superficiellement du reste, un monde à leurs yeux sans intérêt (1).

---

(1) L'ignorance des langues étrangères est plus grave peut-être que celle des pays étrangers eux-mêmes. La langue d'un peuple est, en effet, pour ainsi dire, l'expression cinématographique de sa pensée; elle enregistre les moindres modifications de la mentalité de la race, les moindres influences auxquelles ces modifications sont dues. On ignore davantage un peuple au milieu duquel on vit sans en connaître la langue qu'on ne l'ignorerait si l'on connaissait sa langue sans l'avoir jamais vu. Et, de fait, nous connaissons et comprenons bien mieux Rome antique, par exemple, que l'Islam ou la Russie. Il suffit que l'étude des langues ne soit pas purement théorique — ni, non plus, purement pratique; elle doit être, elle aussi, une étude *psychologique ;* et l'on peut, en effet, dans cette étude, faire entrer, même pour les débutants, des éléments d'analyse psychologique qui, loin de les rebuter, les attire au contraire et les retient. On verra au chap. X (§ L'âme russe d'après la langue russe) que la psychologie de la linguistique est une source d'enseignements curieux et irréfutables. J'en ai fait en Russie une longue expérience.

On ne saurait dire quelles conséquences aura eues pour l'avenir français (et russe) le simple fait que les neuf dixièmes de nos représentants en Russie ne connaissaient ni le pays ni sa langue. Car ce n'est pas seulement (et même *ce n'est pas principalement...*) pour la parler qu'il faut étudier la langue d'un peuple... J'ai connu un consul de France qui comptait quarante années de stage en Russie et qui ne parlait pas la langue. Il s'en vantait *« La Russie ? — Cela n'existe pas...* » (textuel). J'ai écrit il y a neuf ou dix ans au Ministère de l'Instruction Publique de France sur la nécessité de créer une licence de la langue russe. Aucune suite. Par contre, je demandai à la même époque d'être autorisé à prendre en France des inscriptions cumulatives afin de pouvoir continuer mes études universitaires françaises tout en me perfectionnant dans la connaissance de l'étranger. La réponse ne se fit pas attendre : on me refusa.

Car le Français, il faut bien le dire, est superficiel. La sonorité des mots, l'«effet» produit par
une phrase, la magnificence des formules, agis-
sent sur son esprit comme un alcool. Il s'empare
du mot, de l'idée, de la formule, la répète, la fait
sienne et finit par être persuadé qu'elle répond
en lui à une conviction. En réalité, il n'y «pense»
jamais. Durant la période de Décadence, on
peut soutenir que le principal motif d'activité,
chez la plupart des Français, résidait dans leur
désir d'étonner les autres.

C'est du reste ce qui a permis aux contradictions que nous constaterons plus loin entre
la mentalité et les aspirations vraies de la
race et les tendances de son régime, de se
produire et de durer. De 1880 à 1912, on faisait
du socialisme, de l'anticléricalisme, de l'anti-
nationalisme comme on eût joué aux quilles ou
au billard. Cela n'empêchait ni aux politiciens de
gagner des fortunes, ni aux législateurs de laisser
subsister presqu'intégralement le Code Napoléon,
les rouages administratifs du siècle dernier,
les douanes intérieures, l'impôt sur les portes
et fenêtres, la routine bureaucratique et les
bâtiments insalubres (1) sous les toits incer-
tains desquels ouvriers, employés, public, conti-
nuaient à vivre — assez heureux d'ailleurs de
leur sort, et ayant, pour se consoler ou se

CARACTÈRE
SUPERFICIEL
DE L'OPINION
EN FRANCE

Comment ce
caractère super-
ficiel a permis au
masque conven-
tionnel de s'im-
poser à nous.

Retard de la
France sur le
progrès.

---

(1) J'ai passé la plus grande partie de mon adolescence dans un
département *du Centre* qui, en 1907, ne connaissait encore ni le
téléphone, ni l'électricité. (Je parle ici du département tout entier,
chef-lieu et sous-préfectures compris). Il n'y avait pas à cette époque
un seul district de Sibérie qui ne fût, à ce point de vue, mieux
partagé.

distraire, les journaux, les courses, les cercles, les scandales retentissants, le jeu, et les multiples sociétés dont il n'était pas un citoyen digne de ce nom qui ne fût président, secrétaire ou trésorier. (La carte de visite était un genre..., « décadent »).

LA VRAIE MENTALITÉ FRANÇAISE VUE SANS MASQUE

Enfin, le système entier, établi sur des formules conventionnelles, avait fini par imposer à la France tout entière un masque, conventionnel aussi. Sous ce masque, le peuple étouffait, mais sans se rendre compte des causes, car il avait fini par prendre le masque pour son vrai visage. Avec lui, d'autres peuples s'y trompèrent également très longtemps (exemple : l'Amérique...) Pourtant, quand il fallut lui rendre son âme d'antan afin qu'il redevînt le héros des grandes épopées, le masque tomba. Et le monde entier fut étonné de voir que, sous le masque, le héros était resté identique. Le plus étonné de tous fut du reste le Français lui-même et il le manifesta avec son exubérance et sa franchise accoutumées.

Or, là est notre raison d'espérance pour l'avenir. La décadence de la France à la fin du xixe siècle n'était ni un fait nécessaire et inévitable comme d'aucuns alors l'ont cru (décadence fatale des peuples vieux...) (1) ni un fait correspondant à l'épuisement ou à l'abaissement moral de la nation... — convention et affectation ! Affectation

---

(1) C'était là une thèse assez en faveur avant la guerre — même chez les Français auxquels elle fournissait à la fois une justification et une consolation. La guerre a montré le cas qu'il faut faire de ces prétendus « *Enseignements de l'Histoire* ».

jusque dans la langue, dans la prononciation (1) dans les gestes — et cela chez le simple bourgeois, l'ouvrier, même le paysan, aussi bien que chez le dilettante en recherche de passe-temps.

C'est à ce « conventionnel » de notre régime et de notre mentalité que nous devons avant tout nous en prendre de la décadence française (2). Et cette décadence, ne la nions pas. Elle fait notre renaissance plus méritoire et plus belle et elle apparaît d'ailleurs à l'Histoire irréfutablement.

*
* *

Le tableau que nous venons de donner ne présente, et ne veut présenter, que les ombres. A

LES VERTUS
FRANÇAISES

---

(1) Le « parler » du Français, surtout dans la classe ouvrière et dans une bonne partie de la classe moyenne, est absolument différent, suivant que l'interlocuteur consent à être tout bonnement lui-même (par exemple, chez lui, causant avec les siens) ou qu'il se trouve en société. Dès l'instant qu'il se sent écouté, le besoin d'affectation le reprend d'instinct et — chose très remarquable — ce besoin d'affectation se traduit non point par un effort de *raffinement* de langage, mais au contraire par un effort de *déformation*. Même remarque en ce qui concerne l'art, les modes et... la littérature...

(2) Je voudrais attirer l'attention de ceux qui liront ces pages sur la nécessité de faire appel, pour la réfection indispensable de notre France, à l'un des éléments que le masque conventionnel a le moins atteint et dont la mentalité, au milieu des luttes violentes d'idées qui préparèrent notre décadence, resta presque inchangeable : je veux parler de la femme française.

Ce n'est ni à son dévouement, ni à son abnégation, ni à ses sacrifices pendant la guerre, que je fais allusion ici. Ce n'est pas non plus à des réformes lui accordant de nouveaux droits que je pense : ces réformes probablement seraient très malheureuses. C'est à l'*âme* de la France que je songe, à cette âme d'antan qu'il faut refaire. Si elle a pu, aux grands jours de lutte, se réveiller en nous, c'est qu'elle était encore intacte quelque part. Et où donc ? Chez la femme qui nous a faits. Nos héros de la grande guerre n'ont été des héros que parce que, devant la Beauté sublime du Devoir, ils sont redevenus **simples**... c'est-à-dire... : *ce que leurs mères et leurs épouses étaient restées.*

côté des travers de la psychologie française, il y a toutes les nobles vertus dont l'énumération ici serait superflue, parce que cette énumération, magnifiquement faite par nos soldats sur le champ de bataille, où ils la **réalisèrent,** se trouve en outre, depuis que nous avons vaincu, dans chaque colonne des journaux bien-pensants du monde entier, entre les « dernières nouvelles » et les « petites annonces commerciales ». (Pour notre gloire, le champ de bataille valait mieux.)

Le total peut s'énoncer ainsi :

...Qu'elles ne servent guère qu'aux autres...

Le peuple français possède de très grandes qualités qui ne servent généralement qu'aux autres, et quelques travers qui ne nuisent géné·ralement qu'à lui.

...et que nos travers ne nuisent guère qu'à nous.

Avec une telle supériorité morale — avec le prestige que donne à la France sa gloire passée et son présent triomphe — avec les droits que lui assure son rôle d'avant-garde de l'humanité — le peuple français semble appelé à jouer dans le monde, sinon le rôle de toute première puissance, du moins celui d'une puissance forte, indépendante non seulement de forme, mais de fait, d'une puissance matériellement prospère et moralement heureuse.

*
* *

CONCLUSION
Hégémonie matérielle et hégémonie morale.

En est-il ou, tout au moins, en sera-t-il ainsi ?

Pendant deux siècles, non contents de nous battre sur tous les points du globe, nous avons déchaîné, dans notre propre pays, des bouleversements si profonds que le monde entier s'en trouve encore secoué jusque dans ses fondements en apparence les plus solides. Qu'est-il résulté jusqu'ici de ce double effort ?

Nous avons à peu près dégagé ce qu'au point de vue purement matériel nous avaient valu nos victoires. Mais le point de vue matériel n'est pas tout, et même il se peut qu'il ne soit pas le principal. Nous ne saurions donc nous contenter de constater, comme nous l'avons fait déjà, que la décadence de notre puissance effective dans le concert des nations correspond précisément à la période révolutionnaire de notre histoire. Reste tout de même à savoir si nos révolutions n'ont pas — à défaut de notre hégémonie *matérielle* qu'elles n'ont d'ailleurs, il faut bien le reconnaître, jamais prétendu servir — produit quelque chose de plus désintéressé à la fois et de plus noblement utile, en consacrant notre hégémonie *morale* et en aidant non seulement au bonheur de notre race, mais à celui de toute l'humanité.

CHAPITRE V

Evolution et Révolution

L'ÉVOLUTION
DE L'HUMANITÉ

On pourrait appliquer à la Révolution le mot si juste de Schuré sur les religions et dire qu'il n'y a pas à proprement parler d'« histoire de telle ou telle RÉvolution », il n'y a que l'histoire évolutionnaire de l'humanité. Et cette histoire n'est rien autre chose que celle des recherches et des efforts par quoi l'humanité tâche à atteindre le maximum de bonheur.

Or quelles furent, parmi les grandes secousses sociales que notre monde a traversées, celles qui, de toute évidence, ont vraiment avancé l'humanité dans sa recherche incessante de ce bonheur ? Celles justement qui affectèrent le caractère opposé à celui que nous croyons attaché à toute révolution. Les grands organisateurs de société ne furent jamais ni des violents, ni des destructeurs ; eux seuls furent les victimes de leur œuvre et leur œuvre triompha justement *parce qu'ils* en furent les victimes. Ne faisons pas un prophète de Socrate ; de Jésus ne faisons pas un Dieu; de Pythagore ne faisons rien d'autre qu'un homme... Soit ! Mais que fut, au point de vue du bonheur de l'humanité, l'œuvre des Gracques auprès de celle de Socrate ou de Pythagore ? Que fut l'œuvre de 1789 à côté de celle de Jésus ?.....

Et puis les Gracques eux-mêmes n'étaient pas des révolutionnaires au sens que nous attachons aujourd'hui à ce mot. Ce sens date precisément de 89. Il se sépare du sens que les siècles précédents lui donnaient par une différence essentielle que je résumerai ainsi : *Avant la Révolution française, et pour ceux-là mêmes qui la préparèrent, une révolution était un mouvement progressiste et constructeur pouvant entraîner, par la force de son élan, certaines manifestations violentes et destructrices ; depuis 89, et pour ceux-là mêmes qui l'accomplirent, une Révolution est un mouvement progressiste et destructeur devant entraîner, par sa violence, des transformations susceptibles de servir de base constructrice.*

Niera-t-on que tel est bien le sens qu'évoque actuellement à notre esprit ce mot de « révolution » ? Nous sommes à un excellent moment psychologique pour l'analyser. Car, en ce qui concerne les Révolutions passées, nous pouvons évidemment concilier les enseignements de l'Histoire avec l'opinion que nous nous sommes faite. Nous pouvons dire que 89, 48 et 71 furent constructeurs par principe et ne furent violents que par accident ou par nécessité. Mais songeons à ce qui se passe sous nos yeux en ce moment même. Nous reconnaîtrons que tous ceux qui, dans les différents pays de l'Europe continentale, envisagent l'hypothèse d'une révolution — soit qu'ils la préparent, soit qu'au contraire ils la redoutent — s'en représentent tout d'abord l'élément des-

tructeur. Ceux qui la désirent ont étudié avec le soin le plus minutieux ce qu'il faut détruire et par quels moyens il le faut ; la construction reste dans le domaine de l'idéologie et des formules exclusivement théoriques. Quant à ceux qui la craignent, ils ne cherchent nullement à l'éviter en *construisant* sans elle ce qui manque encore à notre édifice incomplet — ou, s'ils y songent, c'est uniquement dans la mesure où ils espèrent se préserver de la *destruction* menaçante. Aux uns et aux autres, c'est le côté destructeur qui apparaît. Si n'importe qui d'entre nous aujourd'hui cherchait à se représenter concrètement le tableau qu'évoque dans son imagination ce mot de *révolution* et s'il essayait, par exemple, de fixer ce tableau sur la toile par le dessin non pas allégorique, mais crû, réel, des images que son esprit évoquerait, nous serions surpris de constater que l'élément dominant de chacune de ces images serait la violence destructrice.

Une obsession de chaos et de sang s'attache à notre conception de la révolution.

Ne cherchons pas ailleurs que dans cette obsession la raison profonde de ce fait que toute Révolution, à notre époque de rationalisme et de progrès, est nécessairement chaotique et sanglante, violente et destructrice, avant que d'être autre chose — et si même elle est autre chose que cela.

*
* *

LE SYLLOGISME APPLIQUÉ

Je dis : à notre époque de rationalisme, car c'est par une sorte de sophisme que nous sommes induits à voir, dans la *succession* des faits, un lien de *dépendance* dont rien ne nous démontre l'existence.

A cela, l'Histoire, pénétrée de rationalisme à l'instar de nous-mêmes, s'applique à nous aider puissamment. Elle fait d'abord l'énumération des **causes** de la Révolution. Et ce seul mot de « causes » n'est, lui-même, qu'une ingénieuse hypothèse. L'état de la France au xviiie siècle, — de la Russie au xixe — de l'Allemagne et de l'Autriche au xxe, nous apparaît — avec raison, admettons-le — comme absolument incompatible avec le progrès civilisateur. Or, la révolution survient. Elle n'améliore pas toujours l'état de choses constaté, et, lorsqu'elle l'améliore, il est impossible de démontrer qu'elle n'a pu le faire que parce qu'elle était précisément une **RÉ**volution. Néanmoins c'est par la nécessité de cette amélioration que la Révolution s'impose, — c'est en proclamant que son but unique est de la réaliser qu'elle dure, — c'est parce que l'amélioration finalement se produit, plus ou moins tard et de façon plus ou moins complète, qu'il nous paraît qu'elle en fut l'artisan.

Notre raisonnement peut se décomposer ainsi : a) *une* **évolution** *était évidemment nécessaire.* — b) *Or, une* **RÉ***volution s'est produite qui a affirmé cette nécessité et proclamé que son but était de la réaliser.* — c) *Donc, la révolution était nécessaire, car* d) *une évolution, en effet, l'a suivie.*

Nous n'apercevons pas que notre raisonnement tout entier repose sur un vice fondamental ; il s'appuie, somme toute, sur ce qu'il conviendrait justement de démontrer, à savoir que l'**é**volution ne pouvait être réalisée autrement que par une **RÉ**volution.

Or, il est si peu certain qu'une révolution tende à réaliser ce qu'elle proclame que nous constatons tout d'abord ceci :

Il n'y a pas de mouvement social qui fasse naître plus de guerres qu'une Révolution qui proclame la paix — il n'y en a pas qui fasse plus de victimes qu'une Révolution qui proclame la fraternité — il n'y en a pas qui détermine une intransigeance plus tyrannique qu'une Révolution qui proclame la libre-pensée.

En outre, il n'est jamais arrivé que les masses qui avaient accompli une révolution en aient retiré *elles-mêmes* un avantage concret. Les idées en faveur desquelles ces masses combattirent ne furent jamais réalisées qu'après que de longs efforts eurent rétabli un ordre de choses plus ou moins semblable à celui que le bouleversement social avait détruit. Encore cette réalisation subit-elle toujours une déviation regrettable — nous allons le voir ici même en ce qui concerne la France.... (1) — Et l'évolution naturelle, à laquelle seule est dû, finalement, l'établissement d'un régime durable, se trouve faussée sans que nous puissions dire avec certitude qu'elle en fut

---

(1) Il y a tant à écrire sur la Révolution russe que je dois me borner pour le moment à ne parler que de ce qui concerne la France. Je dirai cependant un peu plus loin quelques mots de ce que fut, en Russie, la « *déviation révolutionnaire* », et nous reviendrons sur ce sujet dans la question spéciale de notre politique à l'égard de nos alliés slaves (ch. X et suiv.).

du moins avancée, attendu que nous ignorons ce qu'il en eût été si la Révolution n'eût pas eu lieu.

Je me servirai d'un exemple dont on voudra bien excuser la trivialité en faveur de son évidence. Il me souvient qu'étant enfant et souffrant d'une névralgie violente qui avait fini par déterminer un abcès, je fus de l'un et de l'autre guéri tout à fait « accidentellement » par une boule de neige qu'un petit camarade maladroit me lança, sans le vouloir, sur la joue.

Si j'eusse, pour tirer une conclusion de ce fait, employé la même méthode que l'Histoire emploie pour apprécier les résultats dont il est entendu que nous sommes redevables à la Révolution, je n'aurais évidemment pas manqué, chaque fois qu'en ma vie j'ai souffert d'une névralgie semblable, de refaire l'expérience de la boule de neige...

Encore le risque n'eût-il pas été très grand et l'on conviendra que les opérations révolutionnaires sont plus radicales et plus énergiques. Dira-t-on qu'elles réussissent toujours ? Parce que nous constatons qu'au bout d'un certain temps le mal dont nous souffrions semble s'être atténué ou même avoir disparu tout à fait, dira-t-on que c'est toujours la révolution qui en est cause ? Et si même elle en est cause, cela suffit-il à prouver que nous n'avions pas de moyen meilleur de nous guérir ? Car nous observerions souvent, si d'un peu plus près nous considérions les choses, que la boule de neige qui nous a valu de guérir d'une dent mauvaise nous en a aussi fait tomber quelques autres qui ne l'étaient pas...

N'est-ce pas exactement ce qui est advenu à la France ? Nous avons été guéris, je le veux bien, d'une dent mauvaise... Mais que d'autres nous sont tombées qui nous eussent encore fort bien servi ! Nous consolerons-nous en constatant que du coup, et par un merveilleux effet du hasard, nous nous trouvons soulagés de celle qui paraissait bien la plus solide de toutes — je veux dire celle que depuis des siècles nous gardions contre nos voisins ?...

*
* *

DES ÉLÊMENTS QUE LA RÉVOLUTION FRANÇAISE DÉTRUISIT & DE CEUX QU'ELLE REMPLAÇA

Parmi les éléments que la démocratie française, soulevée en 89 par une généreuse aspiration, trouvait à la base du régime qu'elle allait renverser, il en était qui tenaient à des intérêts *dynastiques* et d'autres qui tenaient à des intérêts *nationaux*. Le but de la Révolution devait être de supprimer ceux-là pour fortifier ceux-ci. Elle supprima au contraire ceux-ci et ne fit que remplacer ceux-là. Les intérêts *dynastiques*, qui parfois s'accordaient avec ceux de la nation, firent place en effet aux intérêts *révolutionnaires*, c'est-à-dire humanitaires et internationaux (1) dont le principe même, absolument abstrait, était, dans la pratique, directement opposé au principe vital de la nation. Quant aux intérêts *nationaux*, ils se résumèrent dans l'application, abstraite aussi, de la magique formule :

---

(1) Si le mot est relativement nouveau, la chose, par contre, n'est pas nouvelle : lire la fameuse « Déclaration des Droits de l'Homme »...

« *le peuple souverain* », laquelle resta d'ailleurs
— et n'est encore — qu'une formule.

On peut se rendre compte du fait que notre
abdication voulue de tout ce qui pouvait constituer un fonds de traditions nationales n'a nullement eu pour résultat d'améliorer les conditions
d'existence du prolétariat (lequel est tellement
intéressé à la paix que le **pacifisme** résume
toutes les tendances des prolétaires de toutes les
nations...) en constatant que, depuis l'apparation
de l'idée révolutionnaire en France jusqu'à nos
jours, les gouvernements issus du grand mouvement populaire, c'est-à-dire la République et
l'Empire, ont été beaucoup plus belliqueux (1)
que ne le furent les gouvernements issus de
tendances traditionalistes. A commencer par
Louis XVI, aucun des rois de France, depuis
1774 jusqu'en 1848, n'entreprit aucune guerre en
dehors d'expéditions purement coloniales ; notre
participation à la lutte pour l'indépendance
grecque, qui seule paraît faire exception, fut moins
encore qu'une entreprise coloniale : elle fut un
geste moral et politique bien plus qu'un acte militaire. Au contraire, la Révolution de 89 fut si
particulièrement « guerrière » que le Premier
Empire a été tout simplement la forme militaire
que les tendances belliqueuses de cette Révolution devaient fatalement produire. Les extrêmes
se touchent, et Bonaparte ne disait absolument

L'idéal paci-
fiste et ce que,
de fait, il a pro-
duit :

a) Caractère
pacifiste des Gou-
vernements issus
du principe tra-
ditionnel...

b) et caractère
belliqueux des
Gouvernements
issus de l'idée
révolutionnaire.

---

(1) J'entends belliqueux quant au résultat, c'est-à-dire quant
aux **faits** et non quant au but et à l'intention. Car on peut
prétendre que la Troisième République ne fut guerrière que
lorsque la nécessité l'y força. Je ne partage pas cet avis, mais je
l'admets. (Et pourquoi la nécessité l'y *força-t-elle* ?).

que la vérité lorsqu'il proclamait : « La Révolution, c'est moi ! » Quant au Second Empire, nous savons trop ce qu'il a produit ; et si la France, depuis 1870, n'a entrepris aucune guerre continentale, ce n'a pas été sans escompter, quarante années durant, la revanche future, à laquelle, certes, elle avait droit. Il est remarquable néanmoins qu'en 1914, tout comme en 1870, le Gouvernement français se lança dans la lutte sans préparation ; or, si la lutte fut inévitable, c'est précisément parce que la préparation n'existait pas ; et la préparation ne pouvait pas exister sans que les principes révolutionnaires et pacifistes fussent enfreints.

Résultats de cette contradiction.

Le résultat fut donc celui qu'on peut attendre en **politique** de toute doctrine fondée sur des conceptions exclusivement spéculatives. La monarchie — que des intérêts souvent égoïstes, il faut en convenir, poussaient à atteindre le maximum possible de conditions propices à son libre développement, non pas en vertu d'idées abstraites, mais en vue des nécessités nationales et dynastiques qui, en ce cas particulier, coïncidaient, — la monarchie cessa d'être, de fait, belliqueuse, dès que l'unité de la France fut définitivement fondée ; et, en fin de compte, la monarchie française n'avait jamais entrepris de guerre, soit offensive, soit défensive, qui n'eût ce but pour objet et qui n'aboutît, directement ou indirectement, à ce résultat. Au contraire, sous les gouvernements issus de l'idée révolutionnaire, la démocratie française, devenue le prophète de l'idéal humanitaire et pacifiste, fut conduite à entreprendre une série de guerres qui l'affaiblissaient elle-même et contredisaient nettement l'idéal au nom duquel elle les faisait.

Ai-je besoin, d'ailleurs, de dire que si l'on voulait trouver des arguments pour ou contre la monarchie, pour ou contre le principe démocratique, ce n'est ni dans ce que je viens de développer, ni dans ce que j'exposerai par la suite, qu'on les pourrait trouver ? La seule conclusion en effet qui se dégage — et la seule qu'il importe aussi de dégager, — c'est que nous avons eu raison de prétendre tout à l'heure qu'une Révolution s'applique très peu à réaliser ce qu'elle proclame.....

*
* *

Nous avons eu l'occasion déjà de critiquer la formule trompeuse sur laquelle se fonde l'avantageuse opinion que nous avons toujours eue de nous-mêmes : « *La France occupe dans le monde une place telle que de son indépendance et de sa force dépendent entièrement l'équilibre européen et la paix mondiale* ». Nous avons vu aussi comment, dans la réalité, cette formule se traduisait à notre désavantage : car, s'il est bien vrai que du sort de la France dépendent la paix et l'équilibre du monde, cela même fait de nous l'objectif de toute action politique intéressée à voir cette paix chanceler, ou se rompre cet équilibre.

Notre fierté — si légitime pourtant, puisque c'est, je le répète, sur une réalité « cosmique » qu'elle s'appuie — finit ainsi par avoir le résultat

NÉCESSITÉ DE L'ÉSOTÉRISME POLITIQUE DANS LE GOUVERNEMENT DES DESTINÉES D'UN GRAND ÉTAT contraire à celui qu'il semble d'abord qu'elle devrait produire, c'est-à-dire par nous desservir. Le « *premier peuple du monde* » ne saurait, en effet, renoncer de lui-même à ce rang glorieux ; et c'est pourquoi il suffit d'agiter à ses yeux la formule fameuse de sa grandeur, de sa « mission », pour le voir se jeter tête baissée aux premiers rangs de la bataille (guerres de Crimée, du Mexique, d'Italie, expéditions de Chine, guerre de 1870-71, de 1914-18, etc...). Le Français, d'ailleurs, aime briller. Et le premier rôle qui lui est assigné dans les luttes auxquelles il participe lui procure l'avantage de se sacrifier avec éclat. Il est douteux, certes, que sa gloire en soit à avoir besoin de nouvelles pages ; mais « par luxe » (Flambeau...) il les aime.

Le malheur est que ce n'est point là, à proprement parler, « un trait » de la psychologie française, mais le « fond » même de toute cette psychologie.

Or, si une telle psychologie est excellente pour la masse, elle devient, par contre, extrêmement dangereuse lorsqu'elle pénètre la classe dirigeante de la nation.

Dans la masse, elle est la source féconde d'un patriotisme ardent et de fortes vertus : un courage poussé jusqu'à un tel degré d'héroïsme que l'héroïsme devient, en quelque sorte, la forme ordinaire du courage ; une confiance absolue en soi et le désir intense de chacun de contribuer à l'œuvre de la grandeur nationale. Mais, dans la classe des dirigeants, le résultat est tout autre : une fois convertie en formule, l'idée de la grandeur nationale, de la « mission » sacrée, aveugle l'esprit des gouvernants et permet aux autres peuples, plus puissants par leurs forces réelles ou plus habiles dans l'art politique, de se servir de cette formule dans un but uniquement personnel et intéressé.

Il est donc indispensable, pour tout grand peuple qui veut vivre et rester grand, de laisser subsister en lui deux psychologies, deux traditions : l'une pour la masse, l'autre pour les dirigeants.

C'est ce que sut admirablement réaliser l'Angleterre en conservant à ses méthodes politiques et à son programme national ce caractère traditionnel, et je dirai volontiers « ésotérique », qui est celui qui domine toute l'histoire du développement de sa puissance.

Mais ce que l'Angleterre réalisa, la France, elle, ne pouvait le tenter...

... Parce que l'Histoire avait établi que la France devait être une nation démocratique; parce que, donc, elle ne pouvait être autre chose, et parce qu'enfin, sous peine de renier ce surtout dont elle se faisait gloire, elle devait construire toute sa vie nationale sur des fondements d'autant plus exclusivement démocratiques que les matériaux qu'elle avait à poser sur ces fondements l'étaient moins.

L'un de ces fondements, en effet, — et le principal, — avait nom : « *le Peuple Souverain* ». En suite de quoi il était impossible à la France de conserver cette double psychologie que j'ai dite, et qui est indispensable au gouvernement politique des destinées d'un grand État. Et cette

Comment l'Angleterre sut se conformer à cette nécessité...

... et pourquoi la France ne put s'y astreindre...

impossibilité à laisser subsister une tradition nationale fixe et stable, indépendante des fluctuations souvent incohérentes de la masse, suffirait seule à prouver ceci : que nous sommes foncièrement anti-démocrates. Car la coexistence d'une tradition politique supérieure et d'un principe démocratique largement compris est toujours chose aisée pour une démocratie véritable, parce que celle-ci, construisant son édifice national au moyen de matériaux effectivement démocratiques, n'a nul besoin de recourir au procédé fictif de la *forme* pour se donner l'apparence d'une démocratie. Malheureusement pour nous, tout le grand mouvement social né de l'effort philosophique qui commence à Descartes et se termine à Beaumarchais, dévia, depuis 89, sous l'influence des directions qui lui furent données, dans un sens non plus démocratique mais démagogique, par une infime minorité démagogique elle-même et qui resta toujours une minorité (I) et une démagogie. Au reste, jamais les tendances de l'Etat français ne se sont

---

(1) Je dis bien une *minorité.*

Aucune révolution ne s'est encore accomplie dans le monde, depuis et y compris 1789, sans provoquer tout d'abord l'ébahissement universel. Cet ébahissement se traduit en général par la même phrase, si souvent entendue et répétée durant les quinze ou vingt premiers mois du bolchévisme, si souvent consignée par les contemporains de Robespierre dans leurs lettres ou leurs mémoires : « Mais comment se fait-il qu'une poignée d'individus..., etc..., etc. ? »

Comment cela se fait ? Il est assez difficile tout d'abord de s'en rendre compte, tant la chose en elle-même paraît étrange et tant la violence du mouvement destructeur aide à celui-ci à s'imposer à notre esprit comme inévitable et nécessaire au progrès humain. . Nous approfondirons en son temps cette analyse. Notons néanmoins d'ores et déjà ceci : a) toute révolution est précédée d'une période plus ou moins agitée qui constitue la période de prépa-

moins rapprochées de l'idéal démocratique que sous le Gouvernement de la Décadence : « *Oui* », disait, je crois, le républicain Emile Ollivier, « *la République était bien belle... sous l'Empire* ».

*
* *

La Révolution a remplacé : 1) la *tradition* par la *liberté* ; 2) la *hiérarchie* par l'*égalité* ; 3) l'*idée nationale* par celle de *fraternité*.

Suivant leur développement progressif pendant

CRITIQUE DES RÉSULTATS DE NOS EFFORTS RÉVO- LUTIONNAIRES

---

ration révolutionnaire — ; *b*) les sûres manifestations de l'instinct collectif durant cette période préparatoire démontrent, **partout et toujours**, que la très grande majorité du peuple en travail de bouleversement social, non seulement ne veut pas d'une révolution, dans le sens violent que nous attachons à ce terme, mais encore l'appréhende... (c'est exactement ce qui se passe en France par exemple en ce moment — et il est utile de le noter pour l'édification des historiens futurs...) — ; *c*) Or, lorsque la révolution a lieu, elle provoque **d'abord** et presque exclusivement, comme j'ai dit, l'ébahissement universel..., elle est **ensuite** acceptée plus ou moins comme un mal inévitable,... elle est considérée **plus tard** comme un bien possible,.... elle est déclarée **enfin**, après un très long temps, conforme à l'idéal du progrès. Ce lent travail. dont nous ne nous apercevons pas — distraits que nous sommes par la multitude et l'immense retentissement des incidents toujours essentiellement bruyants, *inattendus* et tragiques dont nous sommes témoins — ne s'accomplit pas sans méthode. L'ésotérisme politique — à quoi je faisais allusion tout à l'heure — n'y est pas étranger. Le processus de la Révolution russe est parfaitement identique à celui du bouleversement de 89 ; l'un et l'autre mouvements ont engendré le même ébahissement,... ont été également dénoncés d'abord comme inacceptables quant à leurs principes et incompréhensibles quant à leurs phases, se sont de même façon imposés aux contemporains, puis à l'Histoire, pour finir par l'apothéose universelle sous le nom de « Grande Révolution ».

Que conclure ?... En toute impartialité il faut bien reconnaître que même si l'œuvre révolutionnaire *une fois accomplie* est déclarée utile et grande par la **majorité** (laquelle en effet s'applique ensuite à rendre cette œuvre grande et utile par un pacifique et laborieux travail), — en tout cas, l'*accomplissement* même de cette œuvre est dû aux efforts d'une infime **minorité** et ne s'impose d'abord à la masse que par des moyens *artificiels*, la violence de ces moyens étant précisément la preuve irrécusable de leur artifice.

un siècle, ces conceptions ont produit : 1° le *Peuple Souverain*; 2° le *Socialisme* juśques et y compris le maximalisme (dont le bolchévisme n'est que la parodie ignoble et sanglante); 3° l'*Internationalisme*. Ces différentes aspirations devaient finalement se fondre en une conception unique et générale. La « *Société des Nations* » contient le germe de cette réalisation future. Elle résume èt renferme en effet l'*idéal démocratique*, *l'idéal socialiste* et l'*idéal internationaliste*.

La critique générale de ces différentes conceptions ne saurait évidemment trouver sa place ici. Néanmoins, nous ne devons pas tarder davantage à nous demander ce qu'a produit et ce que peut produire, pour notre *bonheur personnel*, leur réalisation. Nous admettrons donc jusqu'à plus ample informé que cette réalisation constitue, en principe, un progrès **moral** véritable. Reste à savoir si ce progrès moral est conforme à nos aspirations profondes. Car, ainsi que l'a parfaitement analysé Gustave Le Bon (1), aucun changement de forme ne saurait modifier le fond de la mentalité d'une race; et nous avons par exemple cessé nous-mêmes d'être une monarchie sans devenir une démocratie réelle, tandis que les Anglais, foncièrement démocrates, ont pu, sans s'imposer aucune contrainte, conserver à leur régime la forme traditionnelle si favorable au développement de leur puissance.

Si donc nous reconnaissons que nos aspirations

---

(1) Cf. Gustave Le Bon : « L'évolution des peuples ».

profondes ne tendent pas d'elles-mêmes à ce « *progrès moral* » qu'on nous propose, nous serons libres, certainement, de *vouloir* sacrifier nos aspirations à ce soi-disant progrès ; mais le voulant, nous ne le **pourrons** pas, et de notre effort même rien d'autre ne saurait sortir qu'une suite perpétuelle de contradictions entre nos tendances naturelles et le but que nous nous imposerons. Nous ne devrons plus nous étonner dès lors que cette contradiction produise pour nous, au point de vue simplement pratique et matériel, des résultats toujours et fatalement négatifs.

N'est-ce pas là qu'il faut chercher l'explication de ce fait si étrange et sur lequel j'ai déjà tant insisté — à savoir que de nos victoires et de nos sacrifices nous n'avons finalement retiré, depuis 150 ans, qu'un amoindrissement de notre puissance effective dans le monde ?

N'est-ce pas là encore ce qui peut nous fournir la raison des conséquences si inattendues et si déconcertantes de notre présent triomphe ?

Nous devons, avant toute autre chose, éclaircir d'abord ces angoissantes questions.

*
* *

Tandis que, suivant leur développement par la voie de l'évolution naturelle, les Anglo-Saxons étaient amenés à *concilier la tradition et la liberté,* comme **se complétant l'une l'autre,** le peuple français, par le moyen de la **RÉ**volution, renonçait à la tradition au profit de la liberté en *les déclarant* **opposées l'une à l'autre.**

Tirant de ce fait et des résultats qui sont sous

A) Résultats de l'opposition factice de l'idée de LIBERTÉ à celle de TRADITION.

nos yeux les enseignements qu'il convient, nous
sommes obligés de nous dire que le premier des
éléments sur quoi se fonde l'idéal révolutionnaire, tel que nous l'interprétons, n'est qu'un
élément purement artificiel...

Car... si la liberté consiste dans la forme... si
un peuple se trouve libre par le seul fait qu'il le
déclare... s'il lui suffit, pour le devenir, d'épuiser
lui-même son propre sang dans une épouvan-
table orgie et d'anéantir avec une systématique
fureur les richesses accumulées par des généra-
tions entières, à la seule condition de décorer
ensuite son œuvre du nom de « Grande Révolution »... s'il ne faut à une nation, pour être vraiment libre, que le mot de **liberté** écrit en lettres
d'or sur les monuments et les parchemins... en
ce cas, nous sommes un peuple libre et les Anglo-
Saxons ne le sont pas.

Mais si peu importe la « liberté de forme »
pourvu que l'« esprit de la liberté » règne, de
fait, dans toutes les manifestations de la vie individuelle et collective, dans les rapports des individus entre eux et des collectivités entre elles,
dans les actes du Gouvernement vis-à-vis de ses
sujets .. si c'est assez, pour qu'une race soit
appelée libre, qu'elle ait su le devenir non seulement chez elle mais sur la meilleure moitié de
l'Univers... en ce cas, les Anglo-Saxons sont un
peuple libre (1) et nous ne le sommes pas.

Sommes - nous un peuple libre ?

-----

(1) Je tiens à noter que ce n'est pas *parce que l'Angleterre est
une monarchie* que les Anglais sont un peuple libre. Il y a de par
le monde des nations non moins libres que la nation anglaise et
qui prospèrent — chose à peine croyable pour nous — sous une
République. Mais ce sont des démocraties...

Libres, nous ? Mais nulle part autant qu'en France ne sont multiples et compliqués les liens de toute nature qui enchaînent la liberté de chacun ! Libres ? mais nous sommes si foncièrement. *anti-libéraux*, nous sommes tellement envasés dans le despotisme de fait, que nous créons ce despotisme dans tous nos rapports sociaux.

Notre liberté ? Mais elle dépend de la faveur que nous attendons de tel « homme politique » en vue ; à défaut de lui-même, elle dépend de son neveu, de son gendre ou de sa concierge ; elle dépend de nos clubs, de nos syndicats, de l'opinion du journal en vogue ; elle dépend surtout du « *qu'en dira-t-on ?* » de tous, et du « *qu'en penserait un tel ?* » de chacun.

A vrai dire, il n'est presque pas un de nous qui puisse, dans la pratique, agir — et moins encore penser et croire — en pleine indépendance d'esprit. C'est du reste à peine s'il y tâche, et notre préoccupation première, devant un fait ou devant une idée, n'est pas tant de les juger librement, loyalement, selon notre conscience, que de savoir comme on les juge autour de nous. Grave, très grave inaptitude, de laquelle découlent beaucoup de nos travers, — et celui-ci d'abord, qu'ayant ainsi désappris de penser par nous-mêmes nous avons perdu l'habitude de nous recueillir. Mais un autre symptôme, plus grave peut-être encore que cette inaptitude, démontre à quel point nous sommes esclaves de toutes les conventions que nous avons créées ; ce symptôme apparaît dans ce fait qu'il y a, pourtant, un moyen d'acquérir

Premières déformations de nos idées morales :
a) Inaptitude à juger en toute liberté d'esprit.

cette pleine indépendance d'esprit dont je parle :
et il n'y en a qu'un seul, non pas suffisant toujours, mais indispensable : l'argent. Les conditions sociales de l'existence, dans une démocratie
véritable, devraient être : « *Soyez d'abord vous-
mêmes parce que vous ne sauriez être fortement et sainement ce qui n'est pas vous...
Alors, pourvu que vous restiez honnête, votre
vie sera ce que vous la ferez* ». En France, les
réalités de la lutte pour la vie sont tout autres :
« *Sois honnête si tu peux — sois vertueux si
tu veux — mais sois considéré, il le faut* ».

Nous sommes, certes, un peuple libre ; mais ce
n'est plus une **âme libre** que nous avons...

Et puis, chacun de nous rentre avec tant de
sans-gêne, et souvent avec une si malsaine curiosité, dans la vie des autres, qu'une sorte de
défiance et de craintivité perpétuelles nous assail-
lent : nous ne cessons guère un instant de surveiller les autres et de nous surveiller. Ah !
combien nous estimons intéressant de découvrir
que tel homme d'Etat a, dans sa prime jeunesse,
connu la misère et vécu d'expédients !... quel
délice pour nous de pénétrer dans la vie ou les
secrets intimes de tel autre ! et quelle volupté,
surtout, si le « scandale », « l'affaire » apparaît !...
Et d'abord nous éprouvons une joie réelle à voir
ainsi rabaissés ceux que nous sentons trop qui
nous dépassent ; nous ne voyons pas qu'il est
triste, bien triste, de ne posséder pas de moyen
meilleur pour diminuer un peu la distance. En
outre, cela nous distrait des préoccupations souvent moroses qui nous envahiraient si nous

*b) Défiance mu-
tuelle et crainti-
vité d'agir.*

*c) Rôle du scan-
dale en France.*

« pensions » : le scandale, l'affaire nous en dis-
pensent ; nous n'avons qu'à écouter, qu'à lire ou
qu'à conter nous-mêmes, et cela ne nous impose
ni de nous recueillir ni de penser. De là vient
que le scandale occupe, avec illustrations et gra-
vures, la toute première place dans nos grands
quotidiens. « L'affaire » devient même, au besoin,
un auxiliaire du Pouvoir ; et nous voyons, par
exemple, au moment où la séparation des Eglises
et de l'Etat se prépare, une « affaire de l'abbé
Delarue » qui naît au moment propice, captive
l'attention du public et de la presse durant près
de deux années, et tombe ensuite dans l'oubli le
plus absolu. Quinze ans après, c'est « l'affaire
Landru » qui occupe nos loisirs, défraie nos
conversations, et s'étale en manchette sur les
journaux à fort tirage, tandis que le Congrès de
la Paix élabore l'œuvre dont nous sommes les
derniers à connaître les résultats bien que de
cette œuvre dépendent nos destinées. L'œuvre
achevée, Landru s'efface — pas trop vite, juste
comme il convient, petit à petit, et je dirai
presque : courtoisement... Nous pouvons d'ailleurs nous attendre à ce qu'il revienne, fût-ce
sous un autre nom, car il n'est pas impossible
que les tristes héros de nos feuilletons mélo-
pornographiques soient joués quelquefois par le
même acteur... (1)

____

(1) L'obsession du scandale et de tout ce qui s'y rattache (obsession du sang, du mystérieux, du crime, etc...) oblige souvent
d'excellents écrivains à sacrifier leurs qualités les meilleures au
souci d'être lus. C'est ainsi que Charles Rivet, en 1917, consacrait
une partie beaucoup plus grande de son ouvrage « *Le dernier Romanoff* » à l'obscur intrigant Raspoutine qu'à la personne même

Si l'opinion publique, en France, peut être si aisément influencée, si l'opinion privée y peut être si facilement « détournée », nierons-nous (nous qui sommes « partie » de cette opinion, et qui, peut-être, aurions le moyen de la diriger...) nierons-nous que nous sommes vraiment responsables des fautes ou des abus commis à la faveur de notre insouciance ?

d) **Liberté de forme et dictature de fait.**

La dictature a été beaucoup plus réelle et beaucoup plus facile en France, de 1915 à 1918, que partout ailleurs. C'est qu'elle a été une dictature de forme sans avoir été jamais une dictature de fait ; en cela, comme en tant d'autres choses, la *forme* importe pour nous plus que tout.

Ainsi le principe, idéal en théorie, du **peuple souverain,** se traduit, dans la pratique, par une contradiction : l'individu remplacé par la collectivité (partis politiques) (1) — la collectivité dirigée par l'opinion — l'Etat dirigé par la collectivité — l'opinion dirigée par l'Etat. Il en résulte que, dans l'organisation actuelle du régime démo-

---

de Nicolas II. N'est-ce point exactement ce qui se passa à la fin du xviii° siècle pour le fameux « *Collier de la Reine?* »... Coïncidence sans doute : « *bis repetita placent* »... Aujourd'hui, M. Naudeau, journaliste distingué et patriote certainement impeccable, publiant une brochure sur le régime bolchéviste en Russie, nous promet d'abord, par le moyen d'un titre émouvant qu'illustre l'image de sombres barreaux de prison, le doux plaisir de ressentir un peu, à la lecture de son livre, cette terreur qu'il a connue lui-même dans son cachot...

(1) La tyrannie de l'enrôlement obligatoire des individus en « *partis politiques* » *dont le cadre étroit et absolu étouffe la personnalité* (c'est en ceci qu'est le mal et non dans l'existence même des partis...) sévit dans tous les pays « révolutionnaires » mais, plus que partout, en France. Cette particularité est une de celles qui nous nuisent le plus. Nous en constaterons un peu plus tard les causes et les effets.

cratique en France, le Gouvernement n'est qu'une collectivité irresponsable (unique sanction : l'opinion, et il en est, de fait, le maître absolu) qui détient son pouvoir et dépend exclusivement d'autres collectivités irresponsables aussi. Le Gouvernement français jouit donc de toutes les prérogatives d'un gouvernement absolu — *et à ces prérogatives s'ajoute celle de ne pouvoir presque jamais se trouver en contradiction avec l'opinion.*

Dira-t-on que j'exagère ?

La vérité est que ce seul mot : « *le Pouvoir* » nous suggestionne. Et l'idée que nous nous en faisons nous prive de ce premier apanage de la liberté qui est la *sincérité,* je dirai nettement : la **probité** *intellectuelle.*

J'ai critiqué tout à l'heure la « *Thèse officielle du conflit* » ; mais combien d'esprits en France ont vu et compris, dès avant la fin de la guerre, que c'était dans les coulisses secrètes de la diplomatie internationale bien plus que sur les champs de bataille de Flandre et de Champagne que se jouaient nos destinées ! Combien en est-il qui aient osé élever la voix ? Et que nous avions hâte, mon Dieu ! de nous détourner de ceux qui, sans pourtant élever la voix eux-mêmes, prétendaient qu'il serait urgent d'éclaircir ce que tous, au fond de nous, nous pensions !... Servilement, nous serrions de nos propres mains le bandeau sur nos yeux pour nous empêcher de voir... Nous avions la hantise de nous « compromettre » et si quelqu'esprit prévoyant, sans du tout nier les faits reprochés à l'Allemagne et dont trop peu

e) Affaiblissement de la PROBITÉ intellectuelle.

4

sont niables, en effet...) nous invitait d'aventure
à *n'envisager pas exclusivement cela*, l'impru-
dent se voyait traité d'hérétique et nous n'avions
pas assez de moyens pour l'éloigner de nous...
Car le mot d'ordre était net — et il faut ajouter
qu'il était ingénieux : plus d' « *intérêts anglais* »,
plus d' « *intérêts français* », plus d' « *intérêts
américains* »... une formule seule subsistait :
« *les Alliés !*... » Or, nous nous sommes inclinés
tant qu'il a fallu pour que l'œuvre s'accomplisse.
A force de nous faire « *anglophiles* », « *italo-
philes* », « *américanophiles* », nous avons oublié, par terreur d'être nommés « *germano-
philes* », que nous avions droit d'être aussi
« *francophiles* » quelque peu ! (1) Aussi, sous-

---

(1) On verra plus loin (chap. XI-XII) que j'ai quelque droit de
me plaindre de ce manque de probité intellectuelle par lequel, tout
le temps de la guerre et jusqu'à maintenant même, ont été désar-
més ceux qui prévoyaient nos déceptions d'aujourd'hui et qui, les
« prévoyant », auraient aussi voulu les « prévenir ». Les extraits
que je donne, aux derniers chapitres de cette Introduction, des
différents mémoires confidentiels adressés par moi à notre service
diplomatique depuis le commencement de la révolution russe et
jusqu'au début de 1919, montrent suffisamment qu'il n'était pas
besoin d'être prophète ou diplomate pour *voir* (et pour *prévoir*...)
J'ajoute que beaucoup d'entre les pages qui précèdent ne sont elles-
mêmes qu'un développement et souvent une reproduction textuelle
de ces mémoires dont je possède encore la copie exacte et l'accusé
de réception officiel. En particulier, ce que je dis aujourd'hui au
passé de la situation *que la paix nous a faite*, (cf. ch. I, ch. III et
passim), n'est rien d'autre que ce que j'ai dit, au futur, il y a
trois ans déjà, de la situation *que la paix nous fera*. Néanmoins,
je comprends que notre service diplomatique n'ait tenu aucun
compte de mes communications ; je comprends même (sans l'admettre d'ailleurs, et surtout sans l'accepter) que le même service
diplomatique ait eu recours à des illégalités criantes pour me
réduire au silence... Peine bien inutile, en vérité, puisque c'était
justement afin de ne pas éveiller l'attention de l'opinion publique
à une époque où j'estimais dangereux de le faire, que je m'adressais
à nos représentants... Je comprends tout cela : la bêtise humaine,
d'une part, la servilité bureaucratique de l'autre, l'expliquent

prétexte que nos ennemis transgressaient les lois
de la *guerre*, nous nous interdisions avec can-
deur de songer à la façon dont nos concurrents
interprétaient les lois de *l'art politique*... Et
que prétendons-nous aujourd'hui ? Nous poser
en héros martyrs de la barbarie des uns et de la
fourberie des autres ? Rien n'est si peu politique
quels que soient nos droits — et rien n'est si peu
digne quelles que soient nos infortunes, que de
nous trouver être ainsi ceux qui, partout et de
tous, ont à se plaindre toujours. Accuserons-

---

assez ; toutes deux sont plus fortes et que le patriotisme et que la
simple propreté morale : on peut au besoin côtoyer le crime,
quand il s'agit d'être « bien noté »...

Mais ce qui, sans présenter autant de gravité pour moi-même,
cesse tout à fait de m'être compréhensible, c'est cette terreur
réelle de tant d'honnêtes gens qui, pensant sur beaucoup de points
comme moi-même, eussent été volontiers les tout premiers à crier
qu'on m'enfermât, tant leur propre foi était chancelante et sentait
le besoin de se tromper elle-même par un zèle plus grand...

Et que dire surtout de ce jeune attaché de la Confédération
Helvétique — étranger par conséquent, mais serviteur non moins
zélé de notre diplomatie secrète — qui subtilisa, l'an dernier, le
premier texte de ce même ouvrage que je publie aujourd'hui sous
forme d'Introduction ? Ce n'était certes point de son Gouvernement (l'un des plus honnêtes, des plus courtois et des moins
« diplomates » qu'on puisse rêver...) que lui vint l'ordre de
s'approprier des documents personnels, des notes confidentielles,
un ouvrage littéraire tout entier et des lettres à l'adresse de per-
sonnalités telles que S. E. le Maréchal Foch, M. Denys Cochin,
M. Maurice Barrès, le Dʳ Gustave Le Bon et quelques autres..
Que contenaient donc ces lettres ? Ceci en substance : « *Sur le
terrain de la guerre, méfions-nous de l'Allemagne ; mais gardons-
nous de ne songer qu'à l'Allemagne et qu'à la guerre. Il y a aussi la
lutte* **politique***. La guerre nous l'avons gagnée ; il faut maintenant*
gagner la paix*. Considérons donc désormais nos amis d'hier
comme des concurrents — loyaux, je l'affirme, mais concurrents... »*
Et je développais, dans une courte notice intitulée, elle aussi,
« *Notre abdication politique* » et accompagnée de quelques « *Simples
notes* » — le même thème exactement que je développe ici, ajoutant, par surcroît, qu'il importait plus que tout de nous méfier du
bolchévisme.

Il n'en fallut pas davantage pour que je courusse le risque d'être
« supprimé ». Et je dois rendre hommage à cette même probité

nous d'ailleurs nos amis d'hier : l'Angleterre, l'Italie, l'Amérique? Mais personne n'a fait que ce que nous avons bien voulu laisser faire — et le seul tort que pourrait avoir, aux yeux de l'His-toire objective, tel ou tel de nos concurrents, serait d'avoir sacrifié ses intérêts personnels aux nôtres, alors que nous-mêmes en avions si peu souci... Ce qu'il fallait, ce n'est pas nous plaindre aujourd'hui, c'était, hier, savoir nous recueillir et penser... c'était : *oser voir* les choses et, pour les voir, les regarder nettement, courageu-sement, **librement...** La vraie liberté commence à la conscience des responsabilités morales

---

française, que je disais tout à l'heure qui s'en va, comme s'en vont nos vieilles traditions d'honneur, de politesse, de courtoisie... On trouve encore cette probité et cette courtoisie — choses si « fran-çaises » autrefois — chez nos petits fonctionnaires de province honnêtes gens condamnés à l'obscurité et au surmenage, mais en qui la conscience est restée droite et le patriotisme intègre. C'est à l'un d'eux que je fus obligé de ma liberté (... et peut-être de mon existence, car Fresnes évoque des souvenirs troublants). Un simple commissaire spécial de petite gare frontière refusa de m'arrêter et s'astreignit à étudier « mon cas » avec la plus scrupuleuse impar-tialité. Ah ! que je l'eusse volontiers prié de n'en rien faire si j'avais pu, moi, simple citoyen de France, espérer que j'aurais à répondre devant une « Haute Cour !... »

Mais que prouve tout cela ?...

Que nous sommes et que nous resterons toujours de grands enfants. Enfants terribles, du reste, mais terribles à nos dépens surtout. Car ne valait-il pas mieux distinguer honnêtement, dès 1917, dès 1914 même, les intérêts anglais des intérêts français... (voir pourtant « *Le plan germaniste démasqué* » de Chéradame où l'auteur affirme que ces intérêts se confondent...) — ne valait-il pas mieux définir alors la trop vague formule « *les Alliés* », que de nous répandre dès 1920 en reproches et presqu'en menaces contre nos voisins ?... (Voir pourtant « *La Démocratie Nouvelle* » du 10 Mars 1920 où le même Chéradame traite nettement l'Angleterre en ennemie et la menace avec véhémence de moyens qu'à vrai dire il ne nous indique pas, mais qu'il assure terribles, « *complè-tement nouveaux, inattendus, renfermant des forces formidables et d'une incontestable efficacité...* »). Décidément, Dieu sauve l'Angle-terre ! « *Pour moi, du moment qu'on arrête — j'en suis.* »

qu'elle impose ; elle n'est ni sur les murs ni sur les documents ; elle est dans la probité courageuse de chacun de nous...

Or, si nous pouvions dire que cette inaptitude à la liberté fût un trait fondamental de notre psychologie, nous ne devrions que louer la Révolution de nous avoir donné, à défaut d'une « aptitude » (impossible à créer puisque les aptitudes ne se créent pas), l'illusion du moins et la « forme » de la liberté.

Mais tout nie qu'il en soit ainsi : notre passé, nos chefs-d'œuvre artistiques et littéraires dans lesquels la mentalité vraie de la race se fait jour sans contrainte et qui cessent d'être des chefs-d'œuvre aussitôt que le souffle de la liberté ne les anime plus... — tout, jusqu'au besoin que nous éprouvons de nous venger du masque qui nous oppresse en le ridiculisant : il n'y a pas plus d'un siècle que la caricature et la chanson se sont élevées en France à la hauteur de véritables « genres » nouveaux — et genres combien plus honnêtes, souvent, que certains drames et certains romans en lesquels plus rien d'art ne subsiste que le nom...

Et puis, la preuve la plus éclatante de notre profond amour de la liberté et de la conception si noble que nos ancêtres nous en ont léguée, nos soldats ne nous l'ont-ils pas donnée, durant cinq ans, sur le champ de bataille ? Là, à côté de la discipline la plus rigoureuse, régnait cette liberté courageuse et saine qui ne laisse point de place à la crainte, au respect humain, aux restrictions mentales, à la défiance et à la perpé-

Ces déformations sont-elles inhérentes à notre mentalité ?

tuelle obsession des viles mesquineries qui nous entourent ou qui nous menacent.

L'amour de la liberté... mais c'est justement parce qu'il nous tourmente, parce qu'il est au fond de nous comme un instinct toujours en éveil, que nous avons pu consentir si longtemps à subir le mensonge conventionnel, grâce uniquement à ce même mot de **Liberté** dont notre masque se paraît encore !...

« *Les Français ont* **traversé** *la liberté* », écrivait en 1795, à Mme de Stael, un Anglais de beaucoup d'esprit. Hélas ! nous « traversons » souvent le but de nos efforts. Et ne venons-nous pas, une fois de plus, de « traverser » aussi le but de notre victoire ?...

Quoi qu'il en soit, l'œuvre de la Révolution nous apparaît bien n'être sur ce point rien d'autre que ce que j'ai nommé déjà « *la déformation de nos idées morales* ». Comment avons-nous pu nous prêter à cette déformation ? Comment nos vieilles aspirations libérales ont-elles pu aboutir à ce despotisme étroit et tracassier de tous et de chacun dans lequel nous vivons ? C'est que, amoureux d'ordre et d'harmonie, nous ne pouvions nous passer et nous ne nous passerons jamais d'une discipline spirituelle. Il faut un *cadre* à notre pensée, à notre action, à nos aspirations même... non pas un cadre étroit qui nous emprisonne, mais un cadre harmonieux et régulier qui retienne nos écarts sans arrêter notre envol : un cadre dont la *base* soit ferme mais dont chacun de nous puisse faire à son gré le *sommet*... toujours plus haut !...

Nécessité d'un CADRE et ce que ce cadre doit être.

Ce cadre, la monarchie nous l'avait lentement construit. Il s'appelait : la tradition. Il était défectueux, sans doute, puisque nous n'étions pas libres. Nous aurions pu, ce semble, en former un autre où rentrassent à la fois la tradition et la liberté. Au lieu de cela, la Révolution nous en a gratifiés d'un qui n'est plus libre que d'une seule chose : de traditions... Il a donc bien fallu que nous remplacions ce qui nous manquait, et telle est l'origine du masque conventionnel qui nous étouffe : *parce qu'elle fut une évolution forcée, notre révolution ne fut aussi qu'une évolution faussée.*

La Révolution, telle que nous la concevons depuis 89, n'est qu'une Évolution forcée... et faussée.

*
* *

A défaut de libéralisme intelligent, sincère et large, la Révolution nous apporta-t-elle, du moins, l'**Égalité** ? Hélas ! de même que nous avons créé de toutes pièces ce despotisme étroit et tracassier que je viens de dire, nous avons aussi multiplié les hiérarchies, et jamais, peut-être, les classes ne furent plus strictement divisées en catégories, ne se méprisèrent et ne se jalousèrent davantage les unes les autres que sous le néfaste Gouvernement de la Décadence dont l'unique souci fut de pousser à l'absurde la réalisation des principes de 1789. Il y a beaucoup plus de nobles en France à notre époque qu'il n'y en avait sous la monarchie, et la particule est encore, en province, un des plus sûrs moyens d'acquérir de la considération auprès de nos collectivités démocratiques. Tel petit instituteur très radical, —

B. Résultats de l'opposition factice de l'idée d'ÉGALITÉ à celle de HIÉRARCHIE.

Sommes - nous un peuple égalitaire ?

Nouvelles dé-
formations de
nos idées mora-
les :

a) La mégalo-
manie.

tel conseiller municipal de village, qui se teint du rouge le plus ardent, ne peuvent se contenir d'aise si le hasard leur fournit l'occasion de frayer tant soit peu avec le seigneur de l'endroit. Quand on est comte, on se fait duc — quand on est simple gentilhomme, on se fait baron — quand on n'est rien, on se fait au moins gentilhomme. J'ai conservé jusqu'à ce jour une carte de visite armoriée portant la suscription suivante : « *L. B...*, *petit-fils de la Comtesse de Cressart* ». Ce Monsieur L. B..., était un excellent homme parlant fort bien patois et qui prenait mesure à ses compatriotes dans une grande maison de blanc de l'étranger.

Car c'est à l'étranger surtout que se donne libre cours notre adulation des titres, des privilèges et des distinctions sociales. Qui ne sait qu'il était infiniment plus aisé à un moujik russe d'aborder un prince de sang ou à un « moûcha » turc d'être reçu par le vizir, qu'il ne l'est à un citoyen de la République Française, en résidence ou en voyage à l'étranger, d'obtenir audience non pas d'un ambassadeur ou d'un consul (si ceux-là sont à peu près inabordables, encore s'en trouve-t-il de fort courtois...) mais simplement du chancelier ou du secrétaire du Consulat, eux-mêmes anciens commis de banque ou anciens coiffeurs?... Plus on descend, en effet, plus la morgue et l'arrogance s'accentuent — et c'est un dicton courant, dans la plupart des pays d'Europe, que le Français en quête de renseignements quelconques, et surtout de protection, s'adresse à qui voudra l'entendre, sauf aux représentants de son pays.

Il est pourtant, ici encore, un moyen simple et sûr de voir s'ouvrir toutes les portes sans les forcer. Et c'est, non pas d'être *« quelqu'un »*, mais tout bonnement *« quelque chose »*. Si ce quelque chose est un blason, un titre officiel, ou mieux encore une situation de fortune prépondérante, tout s'incline, car l'argent exerce sur nous une influence magique.

Mais pas n'est besoin de quitter le sol de France pour être édifié sur la mégalomanie de nos fonctionnaires — mégalomanie que nos travers personnels excusent d'ailleurs et légitiment, car il n'est presque pas un de nous qui n'aspire à devenir une façon d'autocrate, ne fût-ce que dans un cadre des plus restreints. Et, chose remarquable, plus les opinions s'afficheront révolutionnaires et radicales, plus ce besoin d'autocratisme se manifestera insolemment.

De là vient que la France est encore, de nos jours, l'un des pays du monde où fleurissent la *« protection »* et la *« faveur »*. Il fut un temps où les lettres de recommandation officielles, si même elles n'avaient pas toujours d'effet, trouvaient place en tous cas dans le dossier du candidat à tel examen universitaire ou à tel concours d'admission à un poste de l'État, voire à une école spéciale... Il s'accumulait ainsi de volumineux dossiers qui suivaient ensuite le postulant, s'augmentant toujours au fur et à mesure qu'il avançait dans sa carrière. On a beaucoup critiqué cela — mais on a oublié de noter que la source du mal réside dans notre mentalité même. Nous adorons les protections et les faveurs

b) **Le favoritisme.**

à un point tel que nous trouvons beaucoup moins flatteur d'avoir réalisé quelque chose par nous-mêmes que de l'avoir obtenu d'un personnage haut placé ; et nous nous calomnions au besoin volontiers pour faire accroire, à l'occasion, que notre succès est dû soit à ce que l'oncle de notre collègue est devenu ministre, soit à ce que nous possédons quelque part un cousin millionnaire, un ancêtre qui était noble ou une ancienne amie devenue celle d'un député...

c) Effacement de notre personnalité.

Étrange et regrettable abdication de notre personnalité... Parce que la Révolution supprima sans le remplacer le cadre qu'elle devait parfaire, nous avons ainsi déformé les plus hautes et les plus saines des idées morales susceptibles de nous élever.

*
* *

C) Résultats de l'opposition factice de l'idée de FRATERNITÉ à celle d'intérêt NATIONAL.

Je dirai peu de chose de la façon dont nous réalisons, dans nos rapports sociaux, l'idéal de fraternité proclamé par la Révolution de 1789. Cette réalisation ne me semble — et ne semble, je crois, à beaucoup d'intellectuels — qu'une carricature cynique et choquante, une dérision cruelle et une ironie brutale de tout ce que renferme ce mot de **Fraternité**. En peut-il être autrement dès l'instant que notre conception de l'égalité et de la liberté se trouve déformée dans son principe comme on l'a vu ? Car la fraternité ne peut exister que dans une société vraiment libérale et intelligemment égalitaire. Ni le despotisme de chacun, ni la vanité autocratique de tous ne sauraient produire un généreux et fraternel accord des individus entre eux ou des collectivités entre elles.

A notre époque, le mal, en France, est si profond que la solidarité n'y est plus comprise, par la majorité d'entre nous, que comme un principe abstrait dont l'application se limite le plus souvent à une vaine assurance de notre approbation ou de notre sympathie et ne dépasse guère la bienfaisance de commande, plus dédaigneuse qu'encourageante et moins généreuse que formaliste. On ne saurait mesurer toutes les conséquences qu'est appelé à déterminer cet égoïsme dont il semble bien que la guerre n'ait eu pour effet que d'accroître l'intransigeance. Et ce qui me choque dans cet égoïsme, ce n'est point tant qu'il soit avide, mais qu'il soit borné. Car la solidarité est faite de prévoyance bien plus qu'elle n'est faite de générosité. A l'époque troublée où nous vivons, le manque de solidarité devient une véritable aberration mentale et morale. Je voudrais citer à ce sujet un exemple tiré de la Révolution russe et propre à faire méditer ceux qui savent encore se recueillir.

*
* *

Peu de mois après le coup d'État de Lénine, l'armée de Korniloff s'étant avancée pour défendre Rostoff contre les troupes bolchévistes qui la menaçaient, fit demander aux marchands de cette riche cité (1) de lui fournir un contingent

____

(1) Il faut dire à l'honneur des Russes que la solidarité était chez eux plus développée que chez nous. Leur libéralisme et leur générosité sont légendaires. Toutefois, une classe nombreuse, celle des marchands, et surtout de ceux que la guerre avait enrichis (tel était le cas de beaucoup d'entre les bourgeois de Rostoff) avait petit à petit perdu, sous des influences diverses, et en particulier depuis la Révolution de 1905, cette vertu si propre à leur race.

de véhicules et de chevaux suffisant à assurer le transport des troupes et de leur matériel. Rostoff fit la sourde oreille. Le bolchévisme? Bah! Ce n'était qu'un feu de paille... à craindre peut-être là-bas quelque part, à Petrograd ou à Moscou... Mais en province? Allons donc! Était-il une mentalité plus réfractaire à ce bouleversement social que celle du paysan russe (1) et celui-ci n'était-il pas l'immense majorité?... (2). Les riches marchands de Rostoff gardèrent donc leurs chevaux et leurs voitures; chacun d'eux continua à songer surtout à ses intérêts personnels. Quelques mois après, malgré les efforts tentés tout de même par Korniloff et malgré l'héroïsme de deux régiments qu'il envoya, Rostoff tomba aux mains des révolutionnaires..... La ville entière fut livrée au pillage et à l'incendie et d'horribles massacres anéantirent en quelques jours la plus grande partie de cette bourgeoisie imprévoyante et indolente qui n'avait point appris assez tôt la solidarité.

b) et comment cet exemple peut s'appliquer à nous.

Or, il y a trente ans que la France donne cet exemple, de façon moins palpable peut-être, mais combien plus grave! Et là encore, c'est en nous-

---

(1) C'était absolument vrai et j'espère en convaincre le lecteur lorsque j'en viendrai à parler spécialement de la Russie.

(2) Une majorité de 9/10 contre 1/10 à peu près. Il est remarquable qu'en France (pour ne pas parler d'autres pays voisins, tels que la Suisse et l'Italie), la révolution a d'ores et déjà pour elle cet avantage énorme — en quoi réside pour une bonne part le succès si inattendu du bolchévisme en Russie — à savoir que les classes dirigeantes considèrent le bouleversement social comme un fléau susceptible d'atteindre le monde entier à l'exception de leur propre pays. Clémenceau, dont on connaît toute la perspicacité géniale, a prophétisé ceci : « Le Bolchévisme ?... Bon à craindre pour les vaincus, mais non pour nous qui sommes vainqueurs ! »

mêmes que le mal réside — c'est sur nous-mêmes qu'il faudrait remporter la victoire morale grâce à quoi seulement nous serons prêts pour la lutte inévitable.

*
* *

Chose triste à dire et douloureuse à constater, c'est que nos collectivités catholiques (1) sont parmi celles que la vague d'égoïsme a le plus profondément atteintes. Quel spectacle que celui de la lutte pour la vie de cette jeunesse catholique de France, si pénétrée de foi, de zèle et d'abnégation, et dont les corréligionnaires plus aisés, sous prétexte de zèle, d'abnégation et de foi, exploitent avec un révoltant cynisme la trop généreuse ingénuité ! Soucieux de se prémunir contre les exigences éventuelles et au besoin violentes de ceux qu'ils emploient, ces nouveaux trafiquants du temple de Dieu recherchent volontiers la collaboration de jeunes gens fortement attachés à leurs convictions religieuses. Et la plupart de ces tartuffes exploiteurs sont d'une habileté rare dans leur égoïsme, par ailleurs tout à fait candide quelquefois. « Les temps sont durs — les charges sont lourdes — et les revenus sont maigres... ; la lutte du soi-disant travail contre le capitalisme exploiteur n'est qu'un prétexte propre à couvrir des buts inavouables (or ceci n'est que trop vrai...) et c'est donc favoriser la réalisation de ces buts

De l'absence de solidarité chez les collectivités catholiques (1) en France.

---

(1) Je dis *catholiques* et non pas *chrétiennes* parce que je me vois forcé de convenir que les collectivités protestantes échappent beaucoup plus que nous à ce mal. Et il faut avoir la loyauté et le courage de l'avouer.

que de prendre part à cette lutte de quelque façon que ce soit, et même pour assurer son pain quotidien (or ceci n'est plus exact ou tout au moins ne devrait pas l'être). D'ailleurs l'heure est grave et le sacrifice s'impose... Notre nouvelle génération doit donner l'exemple de l'abnégation, et cette abnégation ne sera pas moins généreuse que celle de ses aînés, qui donnèrent leur vie avec tant d'héroïsme sur les champs de bataille.... » Voilà ce qu'entendent à peu près chaque jour les jeunes travailleurs honnêtes et qui, voulant de toutes leurs forces le rester, espèrent utiliser leurs capacités et leur énergie en s'assurant une existence non point aisée certes, mais simplement décente. Les salaires qu'on leur offre les découragent vite ; ceux qu'on leur donne les exaspèrent bientôt. Prenons y garde, il en est peu parmi ces salaires, et à Paris surtout, qui ne condamnent le jeune homme à l'abêtissement, la jeune fille à la prostitution, — l'un et l'autre, en tous cas, à l'alternative du célibat ou de la misère.

Portée NATIONALE de ce fait. Qu'on veuille observer du reste que si je traite ici ce sujet et si je cite en particulier les collectivités catholiques, ce n'est point cependant une question religieuse que j'aborde, mais une question *nationale*.

L'atavisme chrétien. Car on peut croire ou ne croire point — on peut être chrétien ou ne pas l'être — mais on ne peut nier ce sur quoi tout notre atavisme repose. Libres-penseurs ou catholiques, internationalistes ou traditionalistes, nous sommes **imprégnés** de christianisme ; à tel point que les collectivités mêmes dont la mentalité nous paraît généralement le plus opposée à la nôtre, c'est-à-dire les collectivités israélites, en sont aujourd'hui, et à leur insu peut-être, fortement influencées dans leur évolution (1). Quand bien même Dieu ne serait que l'Idée sublime vers laquelle nous tendons, quand bien même celui qui mourut sur le calvaire du Golgotha en pleurant sur les souffrances des hommes n'aurait été lui-même qu'un homme comme nous, nous portons en chacune des fibres de notre être ces mots que rien, quoi que nous puissions faire, n'effacera, parce que des siècles de labeur et de gloire les ont gravés : « *In hoc signo vinces* ».

Aussi, si la déformation des idées morales atteint ce qui représente encore cet atavisme de toute notre race, cela ne peut pas être un symptôme indifférent. Et si cette déformation devient plus fréquente au sein des collectivités catholiques que parmi quelques autres, c'est déjà plus qu'un symptôme, c'est une faillite — partielle et momentanée espérons-le — mais d'une gravité extrême et qu'il faut prévenir. C'est pourquoi je tiens à dire ici la vérité sans fard ; et cette vérité est que l'idéal chrétien — si parfaitement conforme à l'idéal français puisque tous deux se sont confondus pendant des siècles — pour vouloir s'adapter aux *artificielles tendances* de notre époque, cesse de plus en plus d'être le **cadre** harmonieux que cherche notre activité.

Défaut de consistance du CADRE constitué par la déformation de l'idéal chrétien.

---

(1) Il est indispensable d'observer aussi que si les collectivités israélites subissent l'influence des collectivités chrétiennes, celles-ci, par contre, ne semblent pas moins *israélisées*. Mais ce n'est là, pour l'instant, qu'une parenthèse.

Et ce que je critique, n'est pas du tout que le christianisme cherche à s'adapter aux *tendances* de l'époque (cela est nécessaire) — mais qu'il s'efforce aussi de concilier ce qui n'est qu'*artifice*.

Le matérialisme et le rationalisme religieux.

Une sorte de matérialisme et de rationalisme religieux est né et s'est développé lentement sous l'influence des idées nouvelles que l'Eglise n'eut presque jamais l'audace d'accepter ou de repousser intégralement. Procédant par tâtonnements et par concessions successives, l'Eglise dut, pour lutter contre le matérialisme envahissant, aller pour ainsi dire au-devant de lui et faire aux conceptions positives une part aussi large que possible. Donc, lorsque sous la Décadence tout idéalisme se trouva banni, non seulement de l'étalage des libraires mais encore de toutes les manifestations de notre activité sociale, il n'y eut plus pour lui de refuge certain ni au foyer domestique, ni à l'école — même chrétienne.

Je ne nie pas que ceci avait sa raison d'être, l'âpreté de la lutte pour l'existence ne laissant guère de place aux spéculations de la pensée et aux sains délassements de l'esprit. Rien ne pouvait effrayer une mère chrétienne comme de voir son enfant s'adonner à la littérature ou montrer du goût pour la poésie ; et les exemples qu'elle avait sous les yeux étaient bien faits pour la faire réfléchir, puisque la plupart des jeunes auteurs finissaient par abandonner la tradition et par tomber dans l'immoralisme à la mode afin de pouvoir être lus, tandis que les rares fidèles sombraient finalement dans la ruine, parfois dans la mort (1) ou devenaient des déclassés. Qu'on recherche et qu'on me dise si ce n'est pas à l'absence d'une solidarité suffisamment prévoyante et désintéressée que tout ceci est dû. Sous différents prétextes, dont le plus honnête était encore de laisser franchement parler notre égoïsme, ne nous interdisions-nous pas tout ce qui eût pu préserver les jeunes intelligences fortes et loyales d'un découragement insurmontable ou d'une douloureuse déformation ?

Quant à l'école, les excellents maîtres qui voulaient préparer l'enfant à une carrière honnête devaient à la fois le former aux difficultés de l'âpre lutte que j'ai dite, et lui inculquer un fonds d'idées morales dont la pratique application ne risquât pas de compromettre son pain quotidien. Ils durent donc s'appliquer d'autant plus à le rendre raisonnable et utilitaire. « *Aimez votre prochain comme vous-mêmes, mais non pas aux dépens de vous-mêmes. — Soyez honnêtes, mais défiez-vous d'être trop généreux. — Priez un peu, travaillez beaucoup, souffrez sans vous plaindre, ne pensez pas trop et ne rêvez point.* » Tel était à peu près le catéchisme pratique des temps nouveaux.

Cette crainte de l'idéal était peut-être le commencement de la sagesse ; elle réservait encore assez de place au cœur sinon à l'esprit. Malheureusement, la constante influence des déformations extérieures, l'obsession de l'argent, la constatation que chacun finissait toujours par

Le catéchisme pratique des temps nouveaux.

Le christianisme de forme et l'égoïsme de fait.

---

(1) cf. page 17, note (1).

faire que rien de cela ne suffisait au succès, sentît-on en soi un talent plus fort et de meilleur aloi que celui des journalistes en vogue ou des feuilletonistes romanciers..., toutes ces circonstances suffisaient bientôt à faire dégénérer les simples préceptes de pratique en un égoïsme de « fait » qui n'empêchait point la « forme » de rester chrétienne, — car à toutes choses il est des conciliations !

D'où cela est-il venu, sinon de ce que notre conception chrétienne de la liberté et de l'égalité se laissa corrompre insensiblement ? Nous conservions, certes, la tradition de forme ; mais nous négligions de préparer, et même tout simplement d'entretenir, une élite par qui cette tradition pût être défendue et perpétuée. Parmi nous aussi, il fut admis — admis intrinsèquement et pratiqué jusqu'à l'absurde — que le contact direct avec toutes les difficultés de la lutte pour l'existence était indispensable à la formation des âmes, fussent ces âmes éprises de Vérité et d'Idéal et fussent ces difficultés des mensonges ou des laideurs. De là, beaucoup de chutes dont nous portons la responsabilité (1) — de là aussi beaucoup de défaillances qui nous laissent aujourd'hui réduits à nous compter. Car rien d'étonnant si très peu résistèrent, et encore ceux-là même se trouvèrent-ils vite épuisés. Qu'il était bon de nous forcer à cette résistance, soit, mais selon nos forces et non pas jusqu'à l'épuisement ! Ce qu'il fallait sauver plus que tout, c'était la

Et ne nos inducas... »

---

(1) ... « *Et ne nos inducas* » nous apprend-on pourtant à dire avec ferveur...

personnalité individuelle, qui seule nous rend aptes au recueillement de la pensée. Or, nous aussi, nous avons étouffé l'individu..... Pour être accueilli parmi nous, il importait aussi d'être d'abord *quelque chose*, bien plus que d'être *quelqu'un* : « *Et interrogaverunt eum : Quis es, ut responsum demus his, qui nos miserunt ? Quid dicis de teipso ?* » (1)

Il s'en est suivi d'abord que le génie purement français s'ankylosa. Car c'est un **fait** qu'il s'est ankylosé — et le mal est grave sans doute puisque de toutes parts j'entends dire qu'en dehors des œuvres, assez rares d'ailleurs, de nos écrivains de carrière ou d'hommes d'Etat d'un âge plus ou moins avancé, ni la guerre, ni l'après-guerre n'ont encore produit l'œuvre forte et nouvelle que nous attendions.

Conséquences.

*
* *

.....Ainsi les effets de la Décadence se font encore sentir, et le magnifique élan de ces cinq dernières années n'a pu suffire à nous régénérer.

O jeunesse vibrante et vaillante, assoiffée de sacrifice et éparpillée par le vent du doute, éprise de vérité et obligée d'apprendre à sourire sous le masque du mensonge conventionnel, tourmentée d'idéal et nourrie de matérialisme étroit !..... Jeunesse des années d'avant-guerre !...... ton destin fut plus triste que celui de la génération nouvelle ne pourra l'être, puisque de ceux que tu

AFFAIBLISSE-MENT DU GÉNIE FRANÇAIS

-----

(1) Saint Jean, I : 21-23.

produisis, très peu survivent à la grande hécatombe, et qu'aux autres..... le meilleur de ce qui fait la vie, c'est-à-dire la foi, l'amour et l'espérance, fut dès l'abord interdit..... Devant ton incomparable héroïsme, relisant sur les tombes innombrables de nos cimetières le récit de tes exploits, l'avenir s'étonnera que tu aies eu si peu d'ardeur à vivre, ayant montré tant de courage pour mourir. En face de cette énigme troublante, beaucoup, déjà, restent déconcertés. Mais nous t'élèverons un monument plus beau que ne l'eût fait pour toi la gloire qui récompense les chefs-d'œuvre de l'art et de la pensée. A côté du monument de la Victoire que nous dédierons à ceux qui donnèrent leur sang pour sauver notre liberté, nous édifierons un monument de la Décadence sur lequel nous inscrirons : « *Ci-gît le génie de ceux qui surent préférer le silence au mensonge et l'obscurité à la prostitution de leur âme et de leur talent.* » Et ceux qui viendront après toi se souviendront que, s'ils doivent d'être restés Français aux héros qui tombèrent dans la lutte mémorable, c'est au sacrifice sublime et ignoré de ta génération toute entière qu'ils doivent de sentir encore, aux heures d'angoisse et de recueillement, vibrer en eux l'**âme** pure de la race que de toute souillure tu sus préserver.

*
* *

CONSÉQUENCES DE LA DÉFORMATION DES IDÉES MORALES SUR LA DIREC-

C'est ainsi que, dans une société éprise de progrès et de lumière, d'humanitarisme et de fraternité, l'égoïsme, étroit jusqu'à l'imprévoyance, exclusif jusqu'à l'aberration, a paralysé, durant plus d'un quart de siècle, les aspirations et le labeur de toute une élite.

Mais tout n'était pas que mensonge ou que vanité dans le très réel et quelquefois très efficace effort fourni par la France et, à la suite de la France, par les autres peuples, pour réaliser l'Idéal d'universelle fraternité. Aussi retrouvons-nous dans toutes les phases de la vie politique en France et dans toutes ses manifestations extérieures avant, durant et après la guerre, *a)* l'idée pacifiste — *b)* l'idéal humanitaire — *c)* l'idéal internationaliste. C'est sur ce dernier point que je voudrais insister ici, car nulle part n'apparaît avec autant d'évidence la contradiction, sur laquelle je ne saurais insister assez, entre nos aspirations profondes et les tendances artificielles de notre régime.

Qu'on me permette de citer ici, sans me soucier — comme je l'ai fait maintes fois dans cette brochure — de traduire au passé ce que je disais au futur il y a quinze mois déjà, quelques extraits d'un mémoire confidentiel adressé à notre service diplomatique (1).

** **

« La France se trouve actuellement dans une situation où tout, absolument, dépend de l'**art politique** de ses dirigeants. Pas plus la victoire militaire, si magnifique soit-elle, ne nous procu-

---

(1) Le passage suivant (y compris ceux des renvois s'y rapportant dont j'indique la date), est extrait tout entier de la notice dont j'ai déjà parlé (cf. p. 92, note 1) et intitulé : « *Notre abdication politique et ses conséquences pour l'avenir français* ». (Déc. 1918 ; accusé officiel de réception : 18 janvier 1919).

rera finalement d'avantages réels — pas plus les défaites politiques antérieures, les complications économiques et financières, les pertes subies, les compétitions adverses, ne sauraient avoir pour notre avenir de conséquences vraiment préjudiciables si notre génie politique sait mettre à profit les circonstances. Je ne développerai pas ici le plan qu'il serait à la fois nécessaire et possible de suivre, bien qu'il puisse n'être pas présomptueux de le vouloir tirer des faits constatés dans cette notice (1). Je me bornerai à souligner ce qui est l'évidence :

« L'échiquier mondial est à nouveau renversé. Il ne peut se reconstituer sans la France et il appartient à celle-ci, non seulement de poser elle-même les pions qu'elle détient de droit, mais de placer également ceux de ses adversaires (2). Dans la grande crise que nous traversons, notre victoire n'est elle-même qu'une crise partielle qui nous donne le moyen de dénouer la crise générale à notre gré (3).

---

(1) Ma présomption consisterait plutôt à le croire simple. Je suis convaincu qu'il l'est, beaucoup plus que celui qui s'imposera par la contradiction fatale qu'on va constater entre les aspirations vraies du peuple et les tendances artificielles de l'Etat. (Extr. du mémoire, Déc. 1918).

(2) Je dis : adversaires, parce qu'en politique il n'y a pas d' « alliés », au sens que nous avons accepté, durant toute la guerre, de donner à ce mot. Il y a des ennemis et des concurrents. Ceux-ci sont politiquement d'autant plus redoutables lorsqu'ils s'appellent « alliés » (*id.*).

(3) L'histoire nous a rarement fourni l'exemple de semblables moments. L'un des derniers a été la Révolution russe ; encore ne valait-il pas celui-ci. La gravité du moment présent porte à conclure qu'il sera le **tout dernier**. Et cette gravité s'en augmente (*id.*).

On verra, d'autre part, que cette crise se peut dénouer sans que nous devions manquer à aucun des devoirs moraux que ce que nous avons dit de l'Angleterre nous impose à son égard (1), bien qu'il soit absolument soutenable que le devoir moral, en politique, n'existe et ne s'impose vis-à-vis de personne si ce n'est de la nation.

« Actuellement (décembre 1918) nous nous trouvons en présence sur ce point :

   a) d'une **certitude**
  et *b)* d'une **probabilité.**

A) Certitude : la **France-Peuple** *veut* le dénouement à l'avantage de la **Nation,** mais *ne saurait* l'imposer.

B) Probabilité : la **France-Etat** *peut* imposer le dénouement à l'avantage de la **Nation,** mais il est peu vraisemblable qu'elle le *veuille.*

Motifs :

a) Le peuple de France est patriote. C'est en faisant appel à son patriotisme qu'on a obtenu de lui l'effort qu'il a donné. Si ceux qui sont tombés ont, dans une certaine mesure, sacrifié leur vie pour des idées (Justice, Civilisation, Humanité...) c'est que justement ces idées étaient représentées pour eux par celle de Patrie et se

a) Ce' que NATION *voulai* réaliser et pourquoi elle ne le *pouvait* pas.

---

(1) Je doute que cela soit encore possible aujourd'hui (mars 1920) du moins dans la mesure et avec la relative facilité que nous pouvions avoir lorsque la paix n'était pas conclue. C'est notre faute, et rien que notre faute. (Les mots « *ce que nous avons dit de l'Angleterre* » se rapportent à un passage de mon mémoire que je n'ai pas cru nécessaire de citer ici et dans lequel j'insistais, comme je le fais aujourd'hui, sur nos devoirs moraux vis-à-vis de nos alliés.)

confondaient en elle. Le but de leur effort était un but *concret ;* ils n'eussent jamais fourni cet effort dans la mesure où ils le soutinrent si la cause qu'ils défendaient eût été à leurs yeux susceptible de nécessiter, en faveur de l'Idée, un sacrifice sans résultat concret pour la **Nation.**

« Mais si le peuple de France **veut** avant tout le maintien et le développement de sa puissance **nationale** effective ; si même il l'affirme de la façon la plus éclatante par ses actes et ses aspirations, nettement exprimées, il ne **peut** toutefois absolument rien pour la réalisation concrète de son but.

« Cette particularité découle du principe même qu'elle est appelée à contredire : celui du Peuple Souverain. Ce principe, en effet, tel qu'il est appliqué par notre régime, donne les résultats suivants : l'individu remplacé par la collectivité — la collectivité dirigée par l'opinion — l'Etat dirigé par la collectivité — l'opinion dirigée par l'Etat.

b) Ce que l'ÉTAT *pouvait* réaliser et comment il était aisé de prévoir qu'il ne le *voudrait* pas.

b) La **France-Etat** pourrait donc certainement poursuivre à l'extérieur une politique **nationale.** Elle le pourrait d'autant mieux qu'elle jouit aux yeux du peuple d'un prestige qu'elle eut rarement. Elle le pourrait surtout parce qu'elle obéirait réellement, dès lors, au vœu national, au lieu de devoir déterminer artificiellement une façon de vœu factice propre à nous détourner de l'autre.

« Il est cependant peu probable que les dirigeants français **veuillent** réaliser le vœu profond de la nation   ndividuellement quelques-uns d'entre eux le voudront peut-être ; la collectivité ne saurait le vouloir — j'entends le vouloir dans la mesure qui serait nécessaire pour rendre efficace et durable la reconstitution nationale. Car, dans cette mesure, le Gouvernement et les collectivités qui le forment ou dont il dépend devraient effectuer une évolution qui serait la négation même des conceptions fondamentales du régime. Cette évolution, non seulement n'aurait rien de « révolutionnaire », mais serait le complément et la rectification de nos précédentes révolutions — lesquelles, nous l'avons dit, ne furent qu'une évolution faussée. Il faudrait rétablir la **tradition** à côté de la **liberté** — la hiérarchie, le **cadre** à côté de l'**égalité** — l'idée **nationale** à côté de celle d'**humanité**. Il faudrait donc convenir que ces conceptions n'ont rien qui se contredise et par conséquent que l'effort d'un siècle et demi consacré par l'Histoire, a été vain. Il faudrait donc nier l'Histoire, se nier soi-même, replacer la simple sagesse instinctive du peuple au-dessus de la raison pure des théoriciens — l'idéal au-dessus de l'absolu — la beauté morale au-dessus du « matériel », comme finalement plus susceptible que celui-ci de nous procurer un bonheur *concret*.

« Il est peu concevable qu'un tel effort de volonté, qu'une telle abnégation, qu'une telle prévoyance soient réalisés par nos dirigeants. Ils voudront certes, obscurément, échapper à la contradiction qu'ils perçoivent entre leur doctrine et les nécessités vitales dont dépend l'avenir français. Ils croiront pouvoir concilier ces nécessités vitales avec les principes fondamentaux du régime.

« Le « *principe des nationalités* » et la « *Société des Nations* » d'une part, les avantages matériels et moraux (que la victoire semble, à première vue, nous assurer immenses) d'autre part, rendront parfaitement plausible la solution qu'ils seront tentés d'adopter (1). Enfin, il est un fait qui, plus que tous les autres, rend à peu près inadmissible la perspective d'une évolution immédiate qui nous permette de recueillir, avant qu'il soit trop tard, les fruits légitimes de notre victoire ; c'est que, pour les dirigeants eux-mêmes comme pour le peuple tout entier, c'est la **France politique** non moins que la **France militaire** qui a vaincu ! L'opinion n'est pas loin d'être persuadée que nous devons la victoire à notre régime, et le régime trouve dans cette conviction un formidable appui (2). *Nous* **avons vaincu !...** telle

---

(1) Cette solution n'est rien d'autre que ce que j'appelle « *l'abdication politique* ».

(2) « C'est la République qui a repris en mains les charges de la patrie ; c'est elle qui l'a faite grande ; *c'est elle qui l'a conduite à la victoire.* » (Discours de M. Briand à la Chambre des Députés, 19 mai 1920). (Applaudissements prolongés. *Un grand nombre de députés se lèvent*). Cette citation n'est-elle pas très suggestive ?...

Quelle que soit la valeur des conclusions qu'elle pose, il est juste de reconnaître que la thèse officielle du conflit a eu l'avantage d'éliminer ou de résoudre les questions les plus épineuses de notre politique intérieure d'avant-guerre — et cela sans presque que nous nous en apercevions, sans qu'aucun retour, aucune explication, aucune concession sérieuse, fussent nécessaires. Le contraire de ce que nous condamnions nous est apparu légitime ; du moins avons-nous pris coutume d'agir et de penser comme s'il en était ainsi. Et ce travail s'est fait en nous-mêmes lentement, sûrement et à notre insu, au fur et à mesure que notre attention, de plus en plus exclusivement concentrée sur la question du *militarisme* prussien et de l'extension *nationale* allemande, apprenait

est la conviction profonde — et très sincère,
hélas! — dont nos hommes politiques sont péné-
trés. C'est pourtant le cas ou jamais de répéter
le mot de l'amiral Togo : « *Ce n'est pas nous
— ce sont nos ancêtres qui ont vaincu !* »

« Et voici que déjà la principale des inconnues
se dégage. Car le problème consistait surtout à
savoir si l'abdication politique de la France
(c'est-à-dire le sacrifice de sa puissance **nationale** au profit de l'idéal **humanitaire**) peut
être légitimement défendue.

Où l'inconnue de notre problème se dégage.....

« Or il apparaît que le **peuple** de France tout
entier se refuse à sacrifier l'idée de **patrie** à
celle d'universelle **fraternité.** Il ne conçoit pas
de moyen plus certain d'atteindre à l'idéal
humanitaire que le développement de la puissance **nationale.** En quoi la (ou mieux : notre)
« raison » lui donne tort, mais la simple sagesse
instinctive lui donne raison, parce que nos conceptions, fondées sur l'absolu, sont fausses
tandis que les idées dont ces conceptions naqui-

L'INTERNA-TIONALISME an-tinationaliste et l'INTER-NATIO-NALISME con-forme à notre idéal.

à oublier le funeste effort *antimilitariste* et *anti-national* des
Gouvernements français d'avant-guerre.

En 1914 nous n'étions pas prêts. Sans parler des conséquences de
ce fait au point de vue de la guerre elle-même, sans parler des
ruines incalculables qu'il a causées, notre situation morale dans
le conflit s'en est trouvée et s'en trouve encore déterminée de façon
que, épuisés et vainqueurs, nous sommes en outre non point ceux
auxquels le monde doit sa libération, mais ceux au contraire qui
doivent au monde leur victoire Tout cela nous importe peu et
nous n'avons cure de l'approfondir : car c'est grâce à cela que nous
sommes autorisés à dire aujourd'hui : « *Nous n'avons pas voulu la
guerre* ». Or, la thèse du conflit nous enseigne que là est l'important. Ceci n'empêche pas, d'ailleurs, que nous soyons ceux qu'on
accuse de militarisme et d'impérialisme. Absurde accusation, certes,
s'il en fut... Mais comment se fait-il que ce soit contre nous
qu'elle naisse, et à peu près contre nous seuls ? Nous en verrons
la cause un peu plus loin.

rent ne le sont pas. L'anti-nationalisme (...Faguet eût dit : « *l'a-nationalisme* »...) conduit au régime de l'hégémonie mondiale ; le **nationalisme** est vraiment ce qui conduit, par l'évolution naturelle et progressive, à l'**inter-nationalisme.** (1)

« Puis, si même la raison toute théorique des dirigeants était sûre d'être plus sage que l'instinctive sagesse du peuple, ceux-là (qui ne sont que les mandataires de celui-ci) ont-ils le droit de « forcer » l'évolution de ce dernier ?... Il est permis de répondre catégoriquement par la négative...

« ..... Ainsi, à quelque point de vue que l'on se place, notre abdication politique — se trouvant en contradiction formelle avec les aspirations de la nation — est condamnable. Voulue, elle est une erreur ; involontaire elle est le signe certain de notre décadence — et son résultat... »

*
* *

L'ŒUVRE DE LA RÉVOLUTION DANS LE DOMAINE DES FAITS ET DANS LE DOMAINE DES IDÉES.

Donc, ayant sacrifié depuis près d'un siècle et demi l'idéal **national** à l'idéal **humanitaire,** nous avons vu successivement s'affaiblir notre puissance dans le monde jusqu'au moment où la guerre européenne éclata. Puis, dans cette guerre elle-même, nous n'avons su redevenir patriotes que pour « *gagner la guerre* », mais nous avons

---

(1) J'insiste sur la différence essentielle qui sépare l'internationalisme tel que nous le concevons et qui n'est qu'une parodie (son vrai nom serait en effet l'antinationalisme) et l'*inter-nationalisme* que nous devrions essayer de poursuivre.

dédaigné de l'être lorsqu'il s'est agi de « *gagner la paix* ». Avons-nous du moins servi vraiment cet idéal humanitaire ? Aujourd'hui, ce n'est que grâce à un effort factice de raisonnement que nous parvenons à répondre à cette question par une affirmation qui serait consolante si elle ne s'appuyait sur des bases exclusivement théoriques. Car s'il n'est pas niable que le progrès matériel se soit développé de façon intense, il n'est pas moins vrai que la plus grande partie des peuples de l'Europe sont actuellement moins heureux dans leur vie morale, moins aisés dans leur existence matérielle, moins libres dans leur développement naturel qu'ils ne furent jamais. Ceux qui le sont davantage, ce sont précisément ceux qui ont laissé co-exister en eux l'idéal national **et** l'idéal humanitaire comme étant fonction l'un de l'autre. Et, chose étrange, ces mêmes peuples ont en effet réalisé l'idéal humanitaire plus concrètement que nous : il n'est besoin pour s'en convaincre que de considérer, en toute impartialité et objectivité d'esprit, le sort fait aux différents peuples d'Amérique par l'application de la doctrine de Monroë et le sort fait aux colonies de l'Angleterre par la politique si personnelle des Anglo-Saxons. D'autre part, si même les grandes découvertes de notre siècle étaient dues à la Révolution (et certes rien ne le prouve ' n'est-il pas remarquable que ces découvertes nous ont apporté jusqu'ici un total de dévastations et de souffrances bien supérieur au total des avantages que ces mêmes découvertes nous ont procurés ?

Il n'est guère qu'un domaine dans lequel l'œuvre de la Révolution se reconnaisse nettement : c'est le domaine des idées. Encore s'agit-il beaucoup plus d'une modification de nos idées que d'un progrès, puisque cette modification fut avant tout déformatrice. Des théories nouvelles sont apparues... de plus en plus avancées toujours — mais avancées dans quel sens ? dans un sens de *déformation morale* quant aux *principes* (liberté, égalité, fraternité...) — dans un sens de *destruction matérielle* quant à l'*application* de ces principes (socialisme, bolchévisme, antinationalisme) et dans un sens *négatif* enfin quant aux *résultats* concrets (guerres et révolutions, leurs antécédents, leurs phases et leurs conséquences...)

Ce qu'il y a de regrettable surtout dans cette déformation de nos idées morales, c'est que, grâce à elle, et à force de rester nous-mêmes dans le théorique absolu, nous n'apercevons pas tout ce que nous pourrions pratiquement réaliser si nous consentions à demeurer humainement dans le relatif. Il n'est peut-être rien de plus noble en soi, en effet, que l'idéal socialiste ainsi pratiquement et humainement conçu — rien de plus grand que l'idéal in*ter-n*ationaliste s'il ne tend à détruire — rien de plus généreux et de plus juste que l'idéal maximaliste lui-même, si c'est à construire qu'il s'applique.

Dégénérescence intellectuelle.

Hélas ! ce qui surtout s'est affaibli en nous, c'est l'intelligence. Je veux parler non point de cette intelligence en quelque sorte matérielle qui ne s'applique qu'aux choses extérieures et pal-

— 127 —

pables, mais de cette intelligence supérieure qui est l'intelligence de l'esprit et qui sait faire place, à côté du monde extérieur qui nous entoure, à ce vaste monde intérieur, vivant et vibrant, qui est celui de notre pensée.

« Ceux-là me comprendront qui ont comme moi la conscience que le moment présent de l'Histoire, avec ses richesses matérielles, n'est qu'un vaste désert au point de vue de l'âme et de ses immortelles aspirations. L'heure est des plus graves et les conséquences extrêmes de l'agnosticisme commencent à se faire sentir par la désorganisation sociale. Il s'agit, pour notre France comme pour l'Europe entière, d'être ou de n'être pas. Il s'agit d'asseoir sur leurs bases indestructibles les vérités centrales, organiques, ou de verser définitivement dans l'abîme du matérialisme et de l'anarchie.

« La Science et la Religion, ces gardiennes de la Civilisation, ont perdu l'une et l'autre leur don suprême, leur magie, celle de la grande et forte éducation...

« ... Aujourd'hui ni l'Eglise emprisonnée dans son dogme (1), ni la Science enfermée

La crise spirituelle des temps nouveaux.

Science et Religion.

---

(1) L'Eglise a subi une évolution profonde dans ce qui constituait son essence. Impuissante à satisfaire nos aspirations parce qu'elle a trop voulu s'enfermer en un dogmatisme immuable, elle en est arrivée à ce que, dans l'application de ses dogmes à notre vie morale, le divin contredit et compromet l'humain au lieu de le compléter et de le parfaire. Afin de sauver la forme, elle a sacrifié le fond, et ne maintient plus son prestige sur l'âme des foules que par des conciliations perpétuelles dont l'histoire devrait englober près de deux siècles. Quelques-unes de ces conciliations pourraient être appelées des compromissions.

On peut considérer l'attitude de l'Eglise, et surtout du Vatican,

dans la matière, ne savent plus faire des hommes complets. L'art de créer et de former des âmes s'est perdu et ne sera retrouvé que lorsque la Science et la Religion, refondues en une force vivante, s'y appliqueront ensemble pour le bien et le salut de l'humanité. Pour cela, la Science n'aurait pas à changer de méthode mais à étendre son domaine ; la Religion n'aurait pas à changer de tradition, mais à en comprendre les origines, le but et la portée.

« ...Ce temps de régénération viendra, nous en sommes sûrs...

---

pendant le conflit, comme l'une des plus remarquables d'entre ces compromissions forcées. Dans les conditions où elle se trouvait avant la guerre, l'Eglise ne pouvait pas être avec nous. Elle ne l'aura été que très tard et en quelque sorte par une compromission nouvelle. Ses intérêts ne sont plus d'accord avec nos besoins — et nous-mêmes ne sommes avec elle que formellement. Ce n'est pas à dire que nous ayons en tous points raison contre elle, mais qu'elle n'a pas su nous fournir d'assez puissants motifs d'être *avec elle*. Je considère que le conflit mondial constitue une des phases les plus importantes de la grande lutte entre l'idéal chrétien et l'internationalisme antichrétien. Si nous avons, les uns le voulant et les autres ne le sachant pas, servi celui-ci, et s'il s'est trouvé que la coalition allemande défendait réellement les intérêts romains, c'est dans cette particularité, beaucoup plus que dans la défaite de l'Allemagne, qu'il faut voir le symptôme certain d'une défaillance dans le prestige de l'Eglise chrétienne.

Car ce n'est pas parce que Guillaume II faisait visite à Sa Sainteté, que le militarisme allemand constituait pour nous un danger moins grave — et ce n'est pas non plus parce que la Prusse luttait contre l'infiltration israélite, que ses méthodes pouvaient devenir acceptables. L'Allemagne a des excuses — mais elles ne sont pas là.

Si la religion d'amour et de douceur fondée par Jésus devait s'appuyer sur la force brutale et sur une métaphysique sans âme, ce serait à désespérer du Christ lui-même et de son enseignement.

Aussi, même lorsque le Vatican s'efforça d'intervenir en toute impartialité, il ne trouva point d'écho. Bien loin que l'autorité de l'Eglise pût, au besoin, donner à telle cause douteuse la force des vérités que l'on ne discute pas, il s'est trouvé fréquemment (et surtout après l'armistice) que des vérités réelles perdaient de leur valeur et de leur prestige, rien qu'à être défendues par le Vatican

« ...*Mais, en attendant, que faire en cette fin de XIXe siècle qui ressemble à la descente dans un gouffre par un crépuscule menaçant, alors que son début avait paru la montée vers les libres sommets sous une brillante aurore?*

« ... *Affirmons la Vérité sans crainte et aussi haut que possible; jetons-nous pour elle et avec elle dans l'arène de l'action...* » (1)

Que faire ?

En serions-nous incapables, nous que toutes les luttes ont trouvés prêts toujours à toutes les abnégations et à toutes les souffrances ?

Selon le vieux proverbe latin, soyons donc en santé ce que nous avons voulu être (et ce que nous avons *su* être) étant malades...

Avant tout, apprenons à nous recueillir. *La réflexion devant les phrases, la prudence dans les réformes, le recueillement avant l'action :* nous n'avons pas d'autres armes que celles-là pour triompher et pour nous défendre. Mais elles sont de celles qui, bien loin de s'user et de s'ébrécher dans la lutte, s'aiguisent et s'affinent par le combat. Nous n'avons besoin ni d'épée ni de lance pour être vainqueurs dans cette lutte nouvelle, de l'issue de laquelle notre *hégémonie morale* dépend. Selon le mot de Montalembert, à défaut de l'épée, nous avons la plume ; à défaut de la plume, nous avons la parole ; à défaut de la parole, nous avons l'exemple et l'honneur de notre vie.

De la nécessité de nous recueillir.

... Que cela doit-être aisé pour chacun de nous...

...Ce que nous devons acquérir avant tout, c'est cette probité intellectuelle que le régime de ter-

---

(1) Schuré : « *Les Grands Initiés* ». Introduction : p. 29 et suivantes.

reur morale qui fut celui de la Décadence a trop affaiblie en nous.

Aujourd'hui, tout comme il y a dix ans, tout comme il y a quinze ans, « *l'opinion publique française* » est surtout déterminée par celle de la presse. Or, à part quelques grands organes d'irréprochable tenue et dont l'indépendance ne saurait être suspectée, la plupart de nos quotidiens populaires, même s'ils ont changé de mains, n'ont pas encore changé de maîtres...

... et que cela importe pour nous éclairer...

A l'époque de la Séparation des Eglises et de l'Etat, des journaux soi-disant catholiques poussaient une partie de la population à la réaction violente et faisaient preuve d'un cléricalisme exagéré, tandis que d'autres feuilles d'une opinion contraire, mais appartenant parfois au même commanditaire, trouvaient, dans ces mêmes exagérations cléricales, l'occasion de favoriser le sectarisme libre-penseur. N'est-ce pas à peu près le même jeu que joue certaine presse à l'égard des deux courants d'opinion qui se dessinent chez nous vis-à-vis de l'Allemagne : l'un, en faveur de rapports plus larges, s'inspirant de socialisme et de pitié, — l'autre, réclamant des garanties d'autant plus sévères, — tous deux aboutissant à un état de paix factice dont on ne saurait dire qu'elle est injuste (et cela, politiquement, serait pardonnable) mais dont on peut affirmer qu'elle n'est ni durable, ni prévoyante, puisque, tout en nous laissant nous débattre dans une situation presque sans issue, elle consacre notre isolement en Europe et la haine ou la rancune des deux tiers du continent à notre égard ?...

Mais ne croyons pas que nous ne puissions modifier en rien ce qui nous semble accompli. Nous nous serions probablement relevés d'une défaite. Notre fierté et notre énergie eussent suffi à nous fournir d'inépuisables ressources intellectuelles, morales et spirituelles. Il ne nous est si difficile de nous relever de notre victoire que parce qu'elle est, précisément, une victoire et que nous avons attendu d'elle trop de choses qu'elle ne nous donne pas. Or ces choses, c'est en nous-mêmes que nous les trouverons.

Ce que nous ne pouvons plus et ce que nous pouvons encore.

Évidemment, le Congrès de la Paix a, d'ores et déjà, fixé dans ses grandes lignes ce qui sera notre programme de demain. Pourtant, si nous restons *unis, sincères et patriotes*, ce programme, si peu favorable qu'il soit à nos véritables aspirations, devra, bon gré, mal gré, tenir compte de notre sincérité, de notre patriotisme et de notre union, parce que, grâce à ces vertus, nous serons une *force* avec laquelle il faudra compter. Le **cadre** dans lequel se développera notre activité est à peu près tracé... soit ! mais notre activité reste libre, et le cadre lui-même devra s'y conformer fatalement : ce cadre sera donc, en somme, ce que nous l'aurons fait.

Notre programme de demain.

C'est pourquoi manifestons notre volonté par tous les moyens qui sont en notre pouvoir. Le plus efficace de ces moyens sera de ne pas nous laisser trop influencer par les mots et de ne pas nous contenter de formules creuses. Par là, nous obligerons sûrement nos dirigeants à peser leurs paroles et à ne nous pas leurrer.

A ceux qui nous vanteront notre héroïsme,

rappelons le mot de cet amputé du début de la guerre qu'on décora et qu'on fêta : « *Aujourd'hui je suis un héros;... dans dix ans je ne serai qu'un cul-de-jatte.* » Disons bien que culs-de-jatte nous n'entendons pas être et qu'à cela, plus qu'à notre héroïsme, il importe aujourd'hui de songer...

A ceux qui loueront en nous le soldat de Dieu que nous fûmes *hier,* ou le soldat de l'Humanité que nous sommes *aujourd'hui,* demandons de consentir à faire que nous soyons plus libres et plus heureux *demain !...*

A ceux qui nous retraceront, pour la mille et unième fois, les dangers de l'extension allemande, indiquons le moyen le plus efficace de lutter, à l'avenir, contre elle, et qui est de favoriser notre extension personnelle en inculquant à la jeunesse de France un autre idéal que celui qui, sous la Troisième République, fut trop longtemps le sien — à savoir : d'être fonctionnaire ou d'être rentier et, s'il se peut, l'un et l'autre...

A ceux enfin qui nous répèteront, avec plus d'insistance qu'il n'en faut pour nous convaincre, que le cynisme, l'immoralité et le matérialisme de l'Allemagne défunte menaçaient de plonger le monde dans la barbarie, disons nettement qu'aussi bien c'est pour que **notre** Idéal triomphe de cette barbarie redoutable que nous nous sommes sacrifiés — et ajoutons que cela nous donne aujourd'hui le droit d'exiger que ce cynisme soit désormais remplacé chez nous par autre chose que des ordures littéraires..., que cette immoralité fasse place à d'autres choses qu'à la pornographie et à la grossièreté...

Car ce n'est pas pour revenir entendre le mot de Cambronne sur la scène de l'Odéon que nous avons soutenu des chocs plus rudes que n'était celui de Waterloo !...

En général, ne cherchons la vérité que dans les faits que nous connaissons par nous-mêmes ou que nous pouvons contrôler. Quant aux conclusions qui s'en dégagent, apprenons à les en tirer par la réflexion : notre bon sens nous éclairera toujours plus sûrement que ne le pourront faire les retentissantes déclarations de tel homme politique ou les révélations sensationnelles de tel ou tel quotidien.

Recueillons-nous et réfléchissons...

La Vérité? Il est évident qu'on nous la dit très peu. On ne nous l'a dite et même on n'a permis de nous la dire ni sur la Révolution russe ni sur la Russie. Grâce aux mêmes méthodes qui furent employées pour que l'étranger ne pût juger la France d'avant-guerre que par des œuvres qu'aucune inspiration *française* n'animait, nous n'avons connu, nous, du peuple russe, de sa mentalité et de ses aspirations, de sa littérature et de son histoire, que juste ce qu'il fallait pour que nous le croyions robuste et que, toutefois, nous le méprisions. Car il était nécesaire que l'alliance se conclût, mais dangereux qu'elle pût durer.

Exigeons donc qu'on nous éclaire, et contrôlons sagement, sans méfiance exagérée, sans parti-pris, mais aussi sans précipitation et sans fanfaronnade, de quoi sera faite la torche qu'on nous présentera pour nous éclairer. Ne prenons pas — qui que ce soit d'ailleurs qui les allume —

Gravité extrême de l'heure présente...

— des lanternes pour des étoiles. *Réfléchissons...*

La révolution mondiale s'étend et nous menace. Le danger le plus grave que pour nous elle renferme — c'est que tout a été fait non seulement pour la rendre invincible, mais encore pour la légitimer.

A multiplier nos désirs de réforme par ses tendances de plus en plus avancées, et à n'effectuer en même temps pas une seule réforme qui comptât, le Gouvernement de la Décadence a merveilleusement préparé le terrain au travail révolutionnaire qui consiste surtout à convaincre les foules qu'elles ne sauraient rien obtenir sans tout bouleverser, rien construire sans tout renverser, rien réparer sans tout détruire...

J'estime que la situation de la France est aujourd'hui infiniment plus périlleuse qu'elle ne l'était aux jours les plus sombres de l'invasion. — Situation tragique, angoissante d'autant plus que nous ne voyons pas qu'elle l'est, et que, de ceux même qui le sentent, les uns ne peuvent avouer — et les autres ne peuvent admettre — qu'elle le soit. C'est une tâche ingrate que de le montrer : les foules sont comme les enfants ; elles aiment ceux qui les bercent plus que ceux qui les instruisent. Il est temps, toutefois, que nous ouvrions les yeux : une nation qui connaît ses faiblesses est déjà une nation forte, — et si elle les avoue, elle est une nation à craindre.

... et que nous devons encore nous recueillir.

Recueillons-nous et réfléchissons...

Ce n'est pas parce que l'Angleterre sert ses intérêts propres avant de songer aux nôtres que nous devons cesser de croire en elle et de l'esti-

mer. Ce n'est pas non plus parce qu'elle était notre
alliée pendant la guerre que nous devions nous
dispenser de suivre comme elle une politique
personnelle (1). Ce n'est pas parce que l'Allemagne
est vaincue que Wagner cesse d'être un musi-
cien, Schiller un artiste et Gœthe un grand écrivain. Ce n'est pas parce que notre *peuple* a été
héroïque que notre *régime* peut être absous. —
ni parce que nous avons reçu l'Alsace-Lorraine
et la Syrie que Viviani eut raison de vouloir
éteindre les étoiles (2).

Beaucoup de choses, en dehors de nous, ont été
faites que nous n'avons pas connues — et beaucoup aussi par nous-mêmes, que nous n'avons
même pas su que nous faisions. Constatons-le et
recherchons-en les causes : non pour en tirer
vengeance, car c'est nous d'abord que nous devons accuser, mais pour y trouver un utile enseignement. Le jour où nous verrons clairement
l'étendue et les origines profondes du conflit et
le rôle que nous y avons joué, un grand pas sera
fait vers notre définitif relèvement — un pas plus
grand et plus sûr que celui que nous venons
de faire en terrassant notre ennemi. Et quand,
nous étant vaincus nous-mêmes, ayant triomphé
de notre apathie, de notre indifférence, de notre
égoïsme et de notre vanité, nous comprendrons
enfin que c'est en nous-mêmes que réside notre

---

(1) Je ne dis même pas : **nationale** — mais je maintiens que,
si notre politique devait ne pas l'être, il faut que ce soit *nous* qui.
pour une raison ou pour l'autre, l'ayons voulu.

(2) ... « Et d'un geste superbe, nous avons éteint dans le ciel des
clartés qui ne se rallumeront pas... » (Discours du **Ministre**
Viviani à la Chambre des Députés. — Décembre 1906).

plus dangereux ennemi, quand nous chercherons dans nos propres faiblesses les responsabilités morales de notre décadence passée, nous aurons préparé plus sûrement notre bonheur à venir qu'en cherchant des excuses à nos défaillances ou des motifs nouveaux à nos rancunes d'autrefois.

Tous les demains de notre France sont dans nos efforts d'aujourd'hui.

Notre situation actuelle est grave, très grave. C'est précisément pour cela que nous pouvons en sortir régénérés, parce que de rien de ce qui est grand ne sort jamais qu'au milieu des convulsions et des angoisses. Tous les demains de notre France immortelle sont en chacun de nos plus humbles efforts d'aujourd'hui. Il dépend de nous d'assurer à notre patrie, à défaut de cette hégémonie matérielle qu'elle a peut-être exagérément dédaignée, l'hégémonie **morale** que lui assigne son passé. Nous n'avons pas voulu de l'empire du monde ; il faut que nous sachions, du moins, conserver notre empire sur les *âmes* de ce monde que les convulsions menacent de rejeter à jamais dans le chaos...

*
* *

LA DÉGÉNÉRESCENCE INTELLECTUELLE = PROGRAMME ORGANISÉ.

À côté des déformations morales que nous avons analysées, à côté des déformations intellectuelles que les premières ne pouvaient manquer de produire et que nous venons de constater en effet, l'un des principaux articles de tout credo révolutionnaire consiste dans l'étouffement de l'intellectualisme lui-même par la suppression violente et brutale de l'élite intellectuelle et par la création d'une vaste classe de parvenus de l'intelligence, qu'elle condamne à rester des parvenus.

On peut dire ce qu'on voudra de l'œuvre civilisatrice de notre grande Révolution, et de la légitimité des représailles qu'elle prétendit exercer au nom du peuple contre ses tyrans; mais il est un fait qui ressort de chacune des pages sanglantes de son histoire, c'est la fureur systématique et ordonnée avec laquelle les égorgeurs de 89 massacrèrent la fleur de la classe intellectuelle de France. Le même phénomène, exactement, s'est reproduit en Russie où le mot « *inntellliguentsia* » servait, durant les années 1917 et 1918, à désigner chaque jour, dans les colonnes des journaux révolutionnaires, l'élite intellectuelle de notre grande alliée martyre aux vengeances atroces d'anciens forçats libérés... On dit que la terreur, en Russie, s'apaise. Je le crois volontiers, car le plus clair de son œuvre est faite, et nos initiés de la diplomatie secrète peuvent désormais mettre leur main dans celle de Dzerjinsky et de Trotsky. « Coupables ou non, les têtes qui sont tombées étaient rarement des têtes vides

Le peuple russe, libéré du joug de ses tsars, n'échappera pas plus que nous n'avons pu faire à celui des puissances *in-partibus* qui travaillèrent à sa ruine. Attendons-nous à ce que l'une des premières réformes du régime nouveau soit en Russie l'établissement d'un système d'instruction primaire obligatoire (1) semblable au nôtre et qui, acclamé par l'Europe et par l'Histoire comme

a) Suppression violente et brutale de l'élite.

Révolution française de 1789.

Révolution russe de 1917.

b) Le nivellement par l'instruction primaire obligatoire (1) : une moyenne qu'on ne dépasse pas.

---

(1) Ce que je critique ici, ce n'est pas le principe, c'est ce à quoi sert son application.

Comment ce nivellement sert les buts destructeurs de la Révolution.

un merveilleux progrès, aura pour salutaire effet de maintenir toute une race dans cet état idéal si admirablement réalisé en France : un développement intellectuel et moral juste suffisant pour atteindre une moyenne qu'on ne dépasse pas. Une masse énorme d'individus qui ne sont pas des lettrés mais qui cessent d'être des illettrés, — au-dessus de cette masse, une collectivité, nombreuse encore, de gens instruits mais non éduqués, — tel est le progrès dont nous sommes redevables à la Révolution et dont la Russie sera sans doute un jour redevable à la sienne. Trop peu développés pour se diriger eux-mêmes selon la raison, trop développés déjà pour admettre que la raison des autres les dirige, les semi-intellectuels de France furent un des éléments les plus forts et les plus aisément maniables de notre Décadence. Surexciter les appétits et les instincts n'est pas chose facile chez l'ignorant et qui consent à l'être ; — c'est chose à peu près impossible chez les individus en qui le développement moral est assez avancé pour qu'une haute conception du Devoir leur apparaisse et pour que s'éveillent en eux ces deux fondements du Devoir : la dignité et la responsabilité personnelles ; — c'est chose aisée chez tous ceux qui n'ont acquis de *science* que juste ce qu'il faut pour que leur *conscience* soit déroutée...

Je dirai plus loin ce que l'état social de la France, à notre époque, nous autorise — ou plutôt nous force — à prévoir, en ce qui concerne l'éventualité d'un nouveau bouleversement révolutionnaire. Quoi qu'il en soit de cette éventualité, nous pouvons être d'ores et déjà certains que le premier effet de ce bouleversement — et son but lui même — ne différeraient pas du but et de l'effet de nos précédentes Révolutions.

, Un État dans l'État s'est constitué, en effet, qui prétend être un État prolétaire dans l'État démocratique. La Confédération Générale du Travail englobe (outre les catégories de fonctionnaires strictement indispensables pour lui assurer le pouvoir) cette masse de semi-intellectuels dont j'ai parlé plus haut, mais elle exclut rigoureusement de son sein les représentants de l'intellectualisme. Or il n'est pas niable que, parmi les éléments qui la constituent, la C. G. T. renferme une **quantité** très grande d'ouvriers honnêtes et consciencieux qui croient sincèrement, en se ralliant aux partisans d'une révolution violente, travailler au bien public et à leur propre développement — duquel il est, par ailleurs, remarquable que leurs plus ardents leaders n'ont aucun souci. Prétendra-t-on que les intellectuels de France ne sauraient travailler au développement des masses qu'au profit d'une oligarchie ou d'une réaction? Non ! mille fois non !... Aussi indignement exploitée par le Capital qu'injustement dédaignée par le Travail, la classe intellectuelle de France serait, certes, la plus ardemment révolutionnaire, si la Révolution devait être une œuvre saine et loyale, ou si elle-même — classe loyale et saine s'il en fut — pouvait consentir à ne plus l'être.

Nous ne nous illusionnons nullement sur la valeur de ce que nous aurions à défendre le jour

Ce que serait éventuellement, pour l'élite intellectuelle de France, une révolution nouvelle.

où les dernières assises de notre société subiraient un nouvel assaut.

Ce ne serait ni nos intérêts — car c'est nous les vrais prolétaires ! — ni nos ambitions, car toutes les portes nous sont closes tant que nous restons sincères — ni notre aisance et notre quiétude, car il en est peu d'entre nous que l'honnêteté ne condamne à la misère, et nos heures de labeur ne se comptent pas...

Ce que nous défendrions, c'est un régime qui a fait ses preuves et dont le fondement factice nous exaspère — c'est un capitalisme égoïste et jouisseur, d'autant moins défendable qu'il se cache plus hypocritement sous le masque de la vertu, — c'est une bureaucratie routinière et presque moyenageuse qui paralyse notre activité au lieu de la féconder — c'est une bourgeoisie pusillanime et une aristocratie de dilettantes indifférents.

Nous défendrons pourtant toutes ces choses, parce qu'elles constituent encore un cadre dans lequel, s'il nous est à peine permis d'y vivre, nous avons du moins conservé le droit de penser.

Nous les défendrons aussi parce que nous sommes désignés d'avance, — que nous le savons, — et que cela suffit pour que, nous aussi, nous soyons autorisés, dans l'impartialité sereine de notre âme et de notre conscience, à condamner d'avance, au nom du Progrès et de la Lumière, l'œuvre dont le premier effort est d'écarter toute lumière susceptible d'éclairer le progrès.

« *Morituri te salutant !...* »

Liberté! Égalité! Fraternité! La paix du Droit!

L'ère de la Justice ! Le triomphe de la Civilisation et de la Vérité ! Nous savons en quoi se résume concrètement tout ceci !... Voile-toi donc la face, prostituée !...

Ce n'est plus l'orgie romaine s'achevant dans le cirque « où des bêtes fauves se rueront sur des vierges nues, martyres de leur foi, aux applaudissements de vingt mille spectateurs... »(1) C'est l'universelle prostitution de l'idéal, de l'amour et de la beauté, aboutissant à la pornographie sur le théâtre, à l'excitation de la lubricité publique par la littérature et par la presse. Qu'est-il besoin de cirque et de bêtes fauves?... La moitié de l'Europe n'est plus qu'une arène livrée à la rage lascive et sanguinaire de Nérons civilisés... C'est *l'Homme* qui se rue aujourd'hui dans cette arène, et le spectacle romain des bêtes fauves ne serait plus qu'un jeu d'enfant pour notre imagination surexcitée par les formules et pour nos sens exaspérés par le déchaînement de nos instincts.

Intellectuels, nous sommes pour la Lumière... Parias méprisés, exploités et misérables, nous sommes pour la Justice, la Civilisation et le Progrès. Mais ce qui s'offre à nous, ce n'est ni le Progrès, ni la Justice, ni la Lumière... appelons-le par son nom : *c'est le sadisme universel sous le nom de révolution prolétaire.*

Le sadisme universel sous le nom de révolution prolétaire....

---

(1) E. Schuré. Ouvrage cité.

CHAPITRE VI

L'ANGLETERRE

« En toute justice, nous sommes obligés de reconnaître aux Anglo-Saxons, conquérants du monde et les plus sérieux d'entre les rivaux que rencontre notre activité, une qualité incontestable... Observant avec attention et dans leur ensemble toutes les phases de la vie de l'humanité, et appréciant chaque événement selon l'importance qu'il peut avoir pour leurs propres intérêts, les Anglo-Saxons ont développé en eux, par ce perpétuel labeur cérébral, la faculté de prévoir et presque de "palper" à une distance immense — et immense dans le temps aussi bien que dans l'espace — ce qui, pour les gens d'un esprit plus lent et moins aptes au recueillement, semble une pure fantaisie. Dans l'art de la lutte pour la vie, c'est-à-dire dans la politique, cette faculté leur donne tous les avantages d'un joueur d'échecs génial sur un amateur ordinaire. Pour eux, le globe terrestre, parsemé de mers, de continents et d'îles, est comme un échiquier sur lequel les peuples, dont ils ont étudié à fond les traits de caractère fondamentaux, sans négliger de connaître la psychologie particulière de leurs gouvernants, sont comme des pions vivants, des figures qu'ils font mouvoir avec une sûreté telle de calcul que leur concurrent, habitué, lui, à ne considérer dans chacun des pions qu'il a devant lui qu'un adversaire indépendant des autres, se perd en conjectures lorsqu'il s'aperçoit qu'il a commis une faute fatale entraînant pour lui la perte de la partie engagée...

*
* *

« ...On sait que les Anglo-Saxons ont commencé leur carrière de conquérants maîtres des destinées du monde en ruinant la puissance hollandaise. Le peuple anglais, placé juste sur le grand chemin de la navigation internationale, vit toujours avec dépit les marchands hollandais traverser la Manche, par caravanes entières, le cœur gonflé d'orgueil et leurs bateaux chargés des produits les plus précieux des tropiques. Pauvre, mais doué de muscles solides et d'une volonté de fer, l'Anglais ne put longtemps soutenir cette vue. Le 10 Juin 1652, le Conseil Suprême d'Angleterre ordonna à l'Amiral Black de s'emparer de la flotte hollandaise qui revenait des Indes.

« Dans cette première guerre, *commencée sans aucune déclaration de leur part*, les Anglais capturèrent 1.700 vaisseaux mal défendus et représentant une valeur totale égale à six fois le budget d'alors de l'Empire britannique.

« Dans la seconde guerre, les Anglais bloquèrent la Hollande avec la plus grande partie de leur flotte, tandis qu'ils envoyaient le reste de leurs vaisseaux s'emparer des colonies hollandaises. Enfin la troisième guerre fit de la Hollande, premier fournisseur jusque-là de toutes les denrées coloniales consommées en Europe, un simple revendeur en café et en tabac, parvenant à peine à joindre les deux bouts.

« Après quoi, les Anglais reportèrent leur offensive contre l'Espagne et il ne fallut pas longtemps pour que celle-ci, rendue paresseuse par les caresses trop douces d'un soleil qui sur ses terres ne se couchait pas, connût à son tour le crépuscule... » (1).

La lutte de l'Angleterre contre l'Espagne (et contre le Portugal...) présente cette particularité d'avoir été surtout une lutte **politique.** En outre elle nous montre déjà comment le mouvement révolutionnaire sert les intérêts anglo-saxons.

Le point de départ de l'affaiblissement du Portugal se trouve dans le traité de Methuen (1703) qui assujettit le Portugal à la Grande-Bretagne économiquement et commercialement. Depuis lors, cet assujettissement n'a fait que devenir de plus en plus étroit, et les efforts du marquis de Pombal, au xviiie siècle, pour en délivrer son pays, marquent le dernier et inutile sursaut du patriotisme et de la dignité portugaise.

Pombal fut, au cours du dernier demi-siècle qui précéda la grande Révolution, le seul homme d'État de l'Europe, peut-être, qui eut cette idée

____

(1) A. Vandam : *Naché polojénié (Notre situation)*. Saint-Pétersbourg, 1912. Je me servirai, à dessein, de cet ouvrage, écrit *avant la guerre de 1914 et par un étranger*, afin qu'il soit bien évident que les résultats du conflit européen ne m'influencent aucunement.

géniale de prévenir la déviation fatale du mouvement **é**volutionnaire en **ré**volution, en favorisant
à la fois l'évolution du peuple vers la liberté et
l'affermissement d'un *régime traditionnel par
cette évolution même.* Il fut donc, en même
temps, l'adversaire de l'autocratisme religieux
(lutte contre les Jésuites...), le réformateur de
l'enseignement populaire (Université de Coïmbre),
le protecteur du commerce et de l'industrie nationale et le réorganisateur libéral de l'administration publique (lutte contre le fonctionnarisme et
la bureaucratie), cependant qu'il fortifiait le
pouvoir royal en opposant au despotisme des
classes l'indépendance éclairée et consciente du
peuple. En somme, toute son œuvre de politique
intérieure (1750-1777) se résume, je le répète, en
ceci : favoriser l'évolution libérable au profit de
la nation et empêcher la déviation des tendances
évolutionnaires en *ré**volutionnaires* (1). Il est
remarquable que l'accomplissement de cette
œuvre de politique intérieure ait fait de Pombal
l'irréductible ennemi de l'Angleterre, contre l'ab-
sorption économique de laquelle il lutta pendant
près de trente années. L'influence anglaise fut du
reste la plus forte et la chute de Pombal consacra
définitivement les résultats du traité de Methuen.

Ce ne fut toutefois que par la perte de ses colonies et la ruine complète de son régime traditionnel, que le Portugal tomba au rang de satellite

---

(1) Il y aurait un rapprochement très intéressant à faire entre
l'œuvre de POMBAL au XVIII° siècle et celle tentée par le gouvernement français actuel. Le lecteur fera ce rapprochement lui-même
au chapitre XII (« Trois politiques »).

de la puissance anglo-saxonne, qui l'obligea, dès lors, à évoluer dans son orbite et à lui servir de sentinelle avancée sur la côte européenne de l'Atlantique. Or, dans cette perte de ses colonies comme dans cette chute de son régime, la politique anglaise joua encore le principal rôle.

Quant à l'Espagne, elle apprit — coïncidence singulière — à redouter l'extension de la puissance anglo-saxonne exactement à la même époque où le Portugal en ressentait les effets. « L'occupation » de Gibraltar, en 1704, assura l'empire britannique à la fois sur la Méditerranée et sur la péninsule hibérique. Cette occupation qui, de provisoire qu'elle était, devint vite définitive, créait à l'Espagne la même situation qu'eût créée par exemple à la France la cession de Calais à la Grande-Bretagne.

Mais, de même que pour le Portugal, ce fut par la perte de ses colonies que l'Espagne, privée des principales ressources qui assuraient son aisance nationale et son indépendance économique, se trouva définitivement hors de combat.

Or c'est à la faveur de son alliance avec l'Espagne et le Portugal que la Grande Bretagne put aider, très efficacement d'ailleurs, au mouvement insurrectionnel qui fit successivement du Mexique, du Guatémala, de la Colombie, du Vénézuéla, de l'Equateur, du Chili, du Pérou, de l'Argentine, du Paraguay, de l'Uruguay, de la Bolivie et du Brésil, des États indépendants. Toutes ces colonies s'affranchirent de 1810 à

" Lutte stratégique contre l'ennemi commun et lutte politique à la fois contre l'ennemi commun et contre ses propres alliés " (1).

---

(1) Voir chapitre Ier, page 1, « Principe fondamental ».

1814 (1) c'est-à-dire pendant que l'Espagne et le Portugal employaient toutes leurs forces à délivrer l'Europe du « joug odieux de l'usurpateur Bonaparte ». Et tandis que l'Angleterre envoyait une faible armée pour soutenir ses alliés de la péninsule hibérique dans cette lutte mémorable, la flotte anglaise, en Amérique, soutenait, protégeait et favorisait l'insurrection.

Le prétexte de cette insurrection était, il est vrai, de nature à légitimer l'attitude de l'Angleterre, champion de la liberté des peuples sur le globe entier. Car le « motif » invoqué était de délivrer les indigènes d'Amérique de la tyrannie et des exactions des colons espagnols et portugais (2). Que le résultat ait été tout contraire au but soi-disant poursuivi, puisque la domination de ces mêmes colons sur les indigènes se trouva plus que jamais affermie par la création d'États nouveaux indépendants de la métropole, il n'importe : tout ceci fut l'effet de simples coïncidences.. Et les coïncidences ne sont jamais défavorables aux Anglo-Saxons.

Notons d'ailleurs que s'ils aidèrent les colonies sud-américaines à s'affranchir, ils n'entreprirent

---

(1) Le Brésil ne proclama son indépendance qu'en 1824, mais son soulèvement date de la même époque que celui des autres colonies.

(2) L'insurrection de Saint-Domingue, en 1804, eut un prétexte semblable pour point de départ. Coïncidence encore, bien entendu...

...L'opinion publique espagnole et portugaise ne se trouva point indisposée contre l'Angleterre par toutes ces coïncidences. C'est qu'elle attribuait le soulèvement des colonies « aux sourdes menées de Bonaparte ». Et il n'était guère en effet d'incident qui se passât alors dans le monde sans que l'« opinion publique » en attribuât les causes aux machinations de Napoléon. L'histoire sur ce point n'a pas ratifié l'opinion des contemporains.

et ne songèrent jamais à entreprendre leur conquête. Mais nous aurons l'occasion d'observer que l'Angleterre ne comprend pas du tout ce mot de «conquête» à la façon dont nous, Européens, sommes accoutumés à le comprendre ; et qu'en outre, juste au moment où les États sud-américains venaient de se constituer, la doctrine de Monroë, formulée par les Anglo-Saxons du Nouveau-Monde, déterminait pour jamais les limites dans lesquelles l'activité des différents peuples d'Amérique devait se développer, pour la plus grande sécurité de l'hégémonie anglo-saxonne.

La question de Gibraltar.

L'Espagne se trouvant ainsi réduite à la portion congrue, Gibraltar était pour l'Angleterre une garantie suffisante de tranquillité. Comme le droit n'est rien autre chose qu'une « *force qui dure* »(1), deux siècles ont aujourd'hui consacré la possession par l'Angleterre de cette place de premier ordre, en sorte que la Grande-Bretagne a pu envisager sans aucune crainte la solution de cette question, incidemment revenue sur le tapis vert des conférences diplomatiques internationales à la faveur des quatorze points du Président Wilson.

Révolutions et coïncidences.

Au reste, il semble peu probable que l'Espagne puisse un jour jouer un rôle quelque peu redoutable par sa politique extérieure : les difficultés auxquelles elle doit à l'intérieur faire face suffisent à la rendre à peu près inoffensive aux grands États voisins. Ces difficultés intérieures — tout comme les différentes insurrections auxquelles le

___

(1) Cette définition inattaquable est due au psychologue Gustave Le Bon.

Portugal doit la chute de son régime traditionnel
— tout comme enfin celles qui agitent encore la
république portugaise et préparent dès aujour-
d'hui l'avènement du régime des Soviets à l'extrê-
mité occidentale de notre continent — font partie
de cette révolution mondiale à laquelle nous
trouverons toujours l'Angleterre intimement
mêlée. Commencée en 1789 — marquée ainsi que
par des étapes par 1830, 1848, 1871 (naissance du
Communisme) — cette révolution, à l'accomplissement de laquelle nous assistons aujourd'hui, a
bouleversé successivement tous les États de
l'ancien continent jusqu'à la Perse et à la Chine.
Chose remarquable cependant : la puissance
anglaise en a évité le choc, non que son évolution
sociale fût plus lente que celle des peuples
voisins, non que sa marche vers le progrès fût
moins avancée que la nôtre, mais parce que le
génie politique de ses dirigeants, noblement et
profondément patriotes avant d'être quoi que ce
fût d'autre, s'appliqua toujours à diriger le peuple
anglo-saxon dans la voie si féconde, si simple et
si sûre, de l'évolution naturelle...

*
* *

Or l'Angleterre, depuis plus de trois siècles,
soutenait contre la France une lutte à peu près
ininterrompue et qui, jusqu'à la guerre de Sept
Ans, fut toujours malheureuse pour les Anglo-
Saxons. La guerre de Sept Ans elle-même, quoique désastreuse pour notre empire colonial, nous
laissait cependant absolument maîtres du conti-

nent européen. Notre situation était celle que serait aujourd'hui la situation de l'Empire russe s'il eût perdu la Pologne, l'Ukhraine, la Finlande, le Turkestan et le Caucase, mais qu'une révolution ne l'eût pas définitivement ruiné et poussé hors de la voie naturelle que devait suivre, et que tendait à suivre en effet, l'évolution nationale — celle encore que serait la situation de l'Allemagne si elle n'avait à se relever que de ses défaites stratégiques.

La Hollande, l'Espagne, le Portugal étaient hors de combat. La France, elle, restait en état de combattre. Et il fallait bien qu'elle fût douée d'une exceptionnelle vigueur et d'une vitalité extraordinaire puisqu'elle put, vingt-cinq années durant et malgré l'épuisement de ses richesses, de ses forces physiques, morales et spirituelles, dans lequel la Révolution la plongea, soutenir le choc de l'Europe entière et disputer jusqu'au jour funèbre de Waterloo l'hégémonie du monde à sa rivale toute-puissante, hors d'atteinte dans son île et susceptible de poursuivre à l'intérieur son évolution pacifique en évitant à la fois la contagion révolutionnaire et la participation active et coûteuse aux coalitions formées contre Bonaparte.

Car la lutte de l'Angleterre contre la France fut presqu'exclusivement politique aussi bien sous la Révolution elle-même que sous l'Empire. Je ne pense pas qu'il soit nécessaire de refaire ici l'histoire des guerres intérieures (particulièrement guerre de Vendée) et des conspirations multiples (particulièrement conspirations de Pichegru et de Cadoudal) auxquelles l'Angleterre prit part uniquement pour les diriger — non plus que celle des coalitions successives formées par William Pitt contre Napoléon.

D'ailleurs, dès le début de la Révolution française, elle-même, de remarquables coïncidences devaient admirablement favoriser les intérêts anglo-saxons. Car, si réellement l'Angleterre s'était dès lors assigné comme but d'atteindre à l'hégémonie mondiale, les circonstances, vraiment, n'auraient pas pu mieux la servir. Toutes les grandes nations, dans l'antiquité comme dans les temps modernes, ont en effet dû leur puissance à cet « ésotérisme politique » (1) auquel j'ai déjà fait allusion dans le précédent chapitre et qui n'est autre que la coexistence d'une tradition politique supérieure, fixe et stable et d'un principe démocratique largement compris et appliqué. La nécessité de cet ésotérisme tient à ce que la foule, en tant que foule, ne saurait être **pratique** ni dans ses buts, ni dans ses moyens. (2) Si donc les Anglo-Saxons avaient souhaité que se réalisassent les conditions les plus favorables au développement de leur puissance, ils auraient dû évidemment conserver et fortifier chez eux le système politique traditionnel et travailler en

---

(1) Ésotérisme religieux d'abord, (ex. : Moïse) — puis religieux et politique tout ensemble, (ex. : l'Egypte) — puis exclusivement politique, (ex.: l'Angleterre) lorsqu'il parvient à sa perfection : — dans le dernier cas, il devient lui-même une religion, en affecte les caractères et en utilise les méthodes. Nous consacrerons plus tard (tome II) un chapitre spécial à l'« ésotérisme politique ».

(2) Notons en passant que de ceci découle un enseignement très instructif pour nous-mêmes : c'est qu'il est d'autant plus indispensable que la tradition politique soit conservée chez un peuple dont la mentalité est essentiellement **idéaliste**.

même temps à l'effondrement de ce système et de tous éléments susceptibles de le soutenir ou de le constituer chez les peuples ennemis ou concurrents. Or c'est exactement là ce qui advint, non qu'on puisse affirmer que les Anglais, effectivement, y travaillèrent, mais parce que les événements ne manquèrent jamais d'y travailler pour eux.

Car je dis :

1) Conserver et fortifier chez soi le système politique traditionnel. Or nous voyons qu'à cela se résume toute l'histoire politique de l'Angleterre ;

2) Travailler à l'effondrement, chez les peuples ennemis ou concurrents : *a*) de ce même système traditionnel ; *b*) de tous éléments susceptibles de le constituer ; *c*) de tous éléments susceptibles de le ressusciter ou de le soutenir.

Or, en France autrefois, en Russie de nos jours, la Révolution fit en ce sens ce que les Anglo-Saxons ne pouvaient ni faire par eux-mêmes ni souhaiter ouvertement : *a*) effondrement du système politique traditionnel (substitution des intérêts *révolutionnaires*, c'est-à-dire humanitaires et internationaux aux intérêts purement *nationaux*) ; *b*) effondrement de tous éléments susceptibles de constituer ce système..... (déformation des idées morales : la Révolution a remplacé, en les opposant l'une à l'autre alors qu'elles se complétaient, la *tradition* par la *liberté*, la *hiérarchie* par l'*égalité*, l'idée *nationale* par celle de *fraternité...*) ; *c*) effondrement de tous éléments susceptibles de soutenir ou de ressusciter le système traditionnel (étouffement de la personnalité — et, par suite, de la responsa-bilité — au profit de la collectivité anonyme ; dégénérescence et nivellement intellectuels ; anéantissement violent de l'élite).

Je crois avoir suffisamment développé ces trois points dans l'étude que j'ai tenté de faire de l'Evolution opposée à la Révolution (chap. V). Je ne rappelle à nouveau les conclusions de cette étude que pour plus de clarté.

*
* *

..... « Pendant ces vingt-trois années de guerre acharnée contre la France (1), les armées anglaises n'avaient presque pas participé à la lutte active. Au lieu de dépenser le sang précieux de ses sujets 2), l'Angleterre fournissait les troupes des puissances continentales de canons, d'obus, de fusils, de couvertures, de tentes, de bottes, de selles et autres objets d'équipement et d'armement. Quant à ceux des autres peuples européens qui ne participaient pas à la coalition, elle les habillait de ses étoffes, les approvisionnait de vaisselle, de meubles, d'instruments en acier, d'objets de luxe, et, en sa qualité de maîtresse absolue des mers, livrait au continent toutes les denrées coloniales dont il avait besoin. En un mot, l'Angleterre était devenue le fournisseur général de l'Europe, exclusivement occupée, elle, par la guerre.....

Ruine de la puissance française (suite).

L'Empire français ; Napoléon.

---

(1) 1792-1815.

(2) Notons qu'il n'en fut pas de même en 1914. Nous verrons en son temps pourquoi.

« Direction (et responsabilités) de la lutte STRATÉGIQUE aux Alliés. « Direction (et profits) de la lutte POLITIQUE — à l'Angleterre ». (2)

. .!. « Cependant, d'autres soucis non moins graves tourmentaient l'esprit des hommes d'Etat anglais, doués de cette étonnante largeur de vues grâce à laquelle le monde entier leur semble infiniment moins vaste que ne nous paraît, maintenant même, à nous, Russes, notre Russie.

« En 1799, tandis que l'armée russe, à la pointe des baïonnettes, se frayait un chemin dans les défilés de la Suisse, l'Angleterre, tranquillement, occupait Malte et, affermissant son pouvoir sur la Méditerranée, fermait à ses alliés russes l'entrée des détroits.

« En 1805, pendant que leurs alliés se battaient à Austerlitz, à Schoengraben, les Anglais, d'étape en étape, s'avançaient le long de la côte d'Afrique, enlevaient à la Hollande sa colonie du Cap qui se trouvait sur la route alors suivie pour aller aux Indes et qui constituait une excellente base de pénétration à l'intérieur du continent africain ; enfin, à l'est de ce même continent, ils prenaient aux Français l'île de France et les Seychelles, placées également dans la direction de l'Inde.

« En 1813, alors que sous les murs de Dresde et de Leipzig, l'armée russe sauvait l'Europe occidentale (1), les Anglais achevaient paisiblement la conquête de l'Inde qui devait servir de base à leur extension sur tout le sud de l'Asie et arrêter l'offensive russe sur toute l'étendue de son front.

---

(1) sous entendu : du joug napoléonien.
(2) Voir chap. 1er, p. 9 (« Distribution des rôles avant le conflit ».)

« Bref, pendant que toute l'Europe continentale
s'épuisait dans une lutte sans merci dont les
phases ne présentaient qu'une suite de non-sens
politiques, l'Angleterre posait solidement les
bases de sa prospérité matérielle et de son
immense empire actuel.....

«..... Après la guerre de 1809, la situation générale, sur le terrain de la lutte pour la vie engagée
entre l'Angleterre et la France, se dessinait de la
façon suivante :

« Dans l'espace de dix-huit ans, la France,
sans avoir une seule fois déclaré la guerre,
à l'exception de l'expédition d'Espagne nécessitée
par le Blocus Continental, s'était contentée de
repousser méthodiquement — tel un brisant
repousse l'assaut des vagues — les armées coali-
sées lancées contre son aile droite. Par ce fait,
(et par la force même des choses plus que par sa
volonté nettement déterminée...), elle avait étendu
sa domination sur toute l'Europe occidentale.
Disposant dès lors de toutes les ressources de
celle-ci, tant en hommes qu'en argent, tenant en
son pouvoir toute la côte de la mer du Nord, et
possédant dans la personne de son empereur une
immense réserve d'énergie créatrice, la France
pouvait construire en très peu de temps une
excellente flotte à voiles, transporter sous sa
protection n'importe quelle force armée sur les
îles britanniques, et en finir avec son inlassable
ennemie par un règlement de comptes définitif
sur le territoire même de celle-ci.

« Cette opération devenait d'autant plus facilement réalisable que l'Angleterre, abandonnée à

ses seules ressources, était à la veille d'une guerre défensive avec les Etats-Unis d'Amérique — guerre qui devait distraire une partie considérable de ses forces maritimes, obligées de gagner l'Ouest.

« L'Angleterre était donc proche du jour où, s'étant heurtée au génie de Napoléon, elle-même se trouvait en danger de tomber au niveau auquel, par sa faute, étaient tombées l'Espagne et la Hollande.

« Cependant le Cabinet britannique, héritier du génie des grands ministres auxquels il succédait (I) sauva encore une fois la situation.

« A cette époque, il ne restait réellement en Europe que trois puissances absolument indépendantes et fortes : l'Anglelerre elle-même qui régnait encore en despote sur les mers — la France qui gouvernait toute la moitié occidentale de l'Europe — et la Russie, maîtresse de la moitié orientale de ce continent. Entre ces deux dernières puissances n'existait aucun motif de concurrence vitale qui les obligeât à recourir aux armes pour vider leurs querelles. Tout l'effort de la diplomatie anglo-saxonne se concentra donc sur un seul point : faire naître, par des moyens artificiels, des dissidents entre les deux grandes nations continentales et, avant tout, refroidir les relations amicales qui s'étaient établies entre Napoléon et Alexandre 1er après les entrevues de Tilsitt et d'Erfurt.

« L'un des principaux instruments de cette

____

(1) A William Pitt avait succédé Castlereagh.

diplomatie fut le ministre même de Napoléon, Talleyrand. Envoyé à Pétersbourg avec la délicate mission de poser les bases d'une alliance solide entre la Russie et la France, il agit uniquement suivant ses vues personnelles : « *J'avoue* », écrit-il, « *que j'étais effrayé d'une alliance de plus entre la France et la Russie. A mon sens, il fallait arriver à ce que l'idée de cette alliance fût assez admise pour satisfaire Napoléon et à ce qu'il y eût cependant des réserves qui la rendissent difficile.....* »

« ..... Jamais encore, comme à cette minute, le génie anglais n'avait pu dire avec tant de raison que « *la politique est l'art de soumettre à l'intelligence le cœur et les sens* » ; jamais le système : « *the balance of power in Europe* » que ce même génie avait inventé, n'avait été exprimé d'une façon si parfaite et si probante qu'au jour où, sur la dite balance, la moitié orientale de l'Europe se trouvait opposée en contrepoids à la moitié occidentale de ce continent ; jamais enfin le peuple anglais n'eut plus de raisons d'être fier de son gouvernement qu'en ce jour où la « Grande Ombre » (« *the great Shadow* »), qui avait humilié et fait trembler les Iles, se trouvait rejetée vers l'Est, vers les murs dentelés du Kremlin moscovite..... » (1)

La chute de Napoléon marque le début de la grande lutte entre la Russie et l'Angleterre pour la possession de l'Asie. Cette lutte, qui se prolongea pendant un siècle, et à laquelle le peuple

Lutte contre la puissance russe.

____

(1) A. Vandam. Ouvrage cité.

anglo-saxon prit rarement une part active, (il ne
prit part qu'à l'expédition de Crimée et sans
toutefois, même alors, assumer le premier rôle...),
cette lutte, dis-je, n'a jamais intéressé l'Occident,
malgré l'étendue du front sur lequel elle se
déroula, malgré l'importance de l'enjeu et malgré
la gravité des phases : c'est qu'elle ne se passait
pas sur le petit morceau de continent que nous
habitons. Son histoire mérite cependant de
trouver place ici. Mais, avant que d'en venir à
parler de cette fameuse « *Guerre de Cent ans
pour la possession de l'Asie* », ne convient-il
pas de définir exactement dans quelle mesure la
Grande-Bretagne se trouve intéressée au problème
asiatique ? Nous verrons, par la même occasion,
ce que les Anglais entendent par ce mot de
« conquête », quel sens ils attachent au terme de
« colonie » et à celui « d'alliés », quel rôle joue
pour eux l'Europe sur le vaste échiquier mondial,
enfin de quelle façon ils considèrent l'ensemble
de cet échiquier lui-même et entendent y diriger
la partie.

CHAPITRE VII

L'Extension Anglo-Saxonne

En 1885, l'Ambassadeur d'Angleterre à Constantinople, ayant à entretenir son collègue de St-Pétersbourg de la question... européenne... des Balkans, écrivait : « *Il est certain que tous nos grands intérêts sont en Asie — mais nous avons aussi des obligations européennes, une situation européenne et même des intérêts européens...* »

... *Même* des intérêts européens... Comprenant avec toute la netteté particulière au génie anglais la situation exacte de l'Angleterre, Sir William White ne pouvait que trouver naturel de s'excuser pour ainsi dire de devoir détourner l'attention de la diplomatie britannique de ses intérêts réels, c'est-à-dire asiatiques, en faveur d'une question qui n'était « qu'européenne ». Et cette distinction très nette et très britannique en faveur de l'Asie donne à elle seule toute la mesure de la largeur de vues et de la perspicacité anglo-saxonnes.

Cette perspicacité et cette largeur de vues tiennent d'ailleurs à un fait apparemment fort simple et qui est : 1° une conception géographique du monde plus objective que n'est la nôtre ; 2° des connaissances géographiques plus exactes et plus complètes que ne le sont les nôtres.

Pour nous, ce qui compte sur le globe terrestre, c'est l'Europe — de même que ce qui compte en Europe, c'est la France. Les Anglais, beaucoup plus froids, considèrent autrement les choses. Et il faut avouer que, géographiquement tout au moins, ce sont eux contre nous qui ont raison.

Car rien n'est plus arbitraire que la division de notre continent en deux parties : l'une à l'est de l'Oural constituant l'Asie, l'autre à l'ouest constituant l'Europe.

Si nous pouvions, non pas seulement par l'imagination, mais très réellement, nous élever en aéroplane à quelque quinze mille mètres d'altitude, et que de cette hauteur une lunette puissante nous permît de voir dans son ensemble le relief de notre hémisphère, nous nous apercevrions que l'Europe et l'Asie ne forment point, comme on l'admet généralement, *deux* continents, mais *un* seul, s'étendant du Pacifique à l'Atlantique et de 'Océan glacial à la Méditerranée et à l'Océan indien. Si l'on désirait absolument séparer de ce continent ce que nous sommes convenus d'appeler l'Europe, il serait absolument impossible d'assigner à celle-ci comme frontière orientale l'Oural, à peine plus long et deux fois moins haut que les Carpathes, et qui, loin de *terminer* la plaine russe ne fait que la *diviser* en deux parties d'ailleurs de tous points semblables et habitées par les mêmes peuples (1). Il faut ajouter qu'il ne la sépare que par endroits : l'Oural n'est pas une

(1) Toutes proportions gardées, l'Oural sépare moins nettement et moins brusquement la Russie de la Sibérie que notre Massif Central ne sépare la France du nord de celle du midi.

chaîne continue et ne forme un véritable massif
que sur la moitié à peine de la distance qui
sépare la Caspienne de l'Océan glacial.

Ce n'est pas à dire qu'il convienne de donner
pour limite à l'Europe les Balkans et la Vistule
ou tout autre fleuve slave — ou moins encore
qu'il faille nous résigner à ajouter au continent
européen toute la plaine russe jusqu'au Pacifique
ou à la grande Muraille chinoise. Simplement,
nous sommes forcés d'admettre que la division de
l'ancien continent en Europe et Asie est chose
absolument conventionnelle, légitimée tout au plus
par les nécessités de simplification de l'enseignement primaire et qui n'a sa raison d'être que
dans cette simplification. La Vistule ne serait
pas une limite plus rationnelle que l'Oural, mais
celui-ci ne constitue pas une frontière meilleure
que ne le ferait le Dnièstr, le Dnièpr ou le Don.

Au sens que nous attachons ordinairement au
mot « européen », l'Europe n'est réellement
constituée que par la région relativement étroite
qui s'étend à l'ouest de la grande steppe russe :
des côtes de la Baltique à celles de la Méditerranée et des bords du Dnièstr ou de la Vistule à
ceux de l'Atlantique. *Cette région, comparée
au continent tout entier, n'est pas plus grande
que ne l'est, par rapport à l'Europe elle-
même, la péninsule des Balkans sans y
comprendre la Roumanie.*

A l'est de l'Europe, ainsi rentrée dans ses frontières véritables avec lesquelles les frontières
soi-disant naturelles concordent si peu, s'étend
le continent proprement dit, dont l'Europe ne

Ce qui cons-
titue vraiment
l'Europe...

... et ce qu'il
convient de com-
prendre sous la
dénomination
d'Asie.

forme, on vient de le voir, qu'une presqu'île assez petite.

Ce continent est à son tour divisé en deux régions très distinctes : 1° la plaine septentrionale et occidentale ; 2° les déserts, les hauts plateaux, les contrées montagneuses et les péninsules situés au sud de cette plaine.

Frontières naturelles de l'Asie.

Autant les frontières de l'Europe, même telles que nous les avons définies, sont conventionnelles et imprécises, autant la ligne de démarcation des deux régions nord et sud du continent russo-asiatique est nettement et fortement marquée : mer Noire — Caucase — Caspienne — déserts de sable du Turkestan — mer d'Aral — fleuve Sir Daria — monts Karakh'aou et monts Célestes — enfin, chaîne ininterrompue de montagnes qui sépare la Chine de la Sibérie jusqu'à l'Amour, et, à l'extrémité est, ce fleuve, depuis le confluent de l'Albazine jusqu'à son embouchure.

Les deux régions séparées par les frontières naturelles que nous venons de dire sont tellement différentes d'aspect, et chacune d'elles offre d'autre part un ensemble si particulier, qu'en relief, et vues de très haut, elles se dégageraient avec une netteté parfaite. En outre, les races qui les habitent n'ont rien, absolument rien, de commun. Nous constaterons tout à l'heure (1) que le Russe s'est montré singulièrement réfractaire aux influences asiatiques et qu'il a des affinités psychologiques étonnantes avec la race latine. Quand les précisions que nous venons d'apporter

____

(1) Chapitres X et suivants..

sur cette question, purement géographique, n'auraient pas d'autre intérêt que de situer la Russie
telle qu'elle doit l'être, j'estime que ces précisions seraient plus qu'opportunes. La Russie
s'est trouvée, au cours des derniers siècles,
tantôt « puissance asiatique rêvant la domination
du Pacifique », tantôt « puissance européenne,
menaçant d'engloutir l'Autriche et les Balkans ».
La diplomatie internationale se servait à l'envi
de l'une ou de l'autre de ces deux formules selon
qu'il s'agissait de soulever contre l'empire slave
ses voisins d'Occident ou ceux du Sud ou
d'Extrême-Orient. Quant aux historiens, aux
écrivains et aux journalistes, ils pouvaient indif-
féremment choisir entre la dénomination de « semi-
asiatique » et celle de « semi-européenne », selon
qu'ils voulaient exprimer à l'égard des Russes
leur dédain ou leur sympathie. De très sérieux
ouvrages renferment à la fois l'une et l'autre
appellation. En réalité, c'est un anachronisme
historique, géographique, ethnographique et phi-
lologique que d'assigner à la Russie le même
qualificatif qu'à l'Inde ou qu'aux Chinois. Ce faisant, nous diminuons d'ailleurs les Russes moins
que nous croyons, car si nous attachons au mot
« asiatique » une signification péjorative, c'est
que nous ne connaissons pas l'Asie. Que la
Russie ne soit pas européenne,... soit ! — et
l'Europe, sur quelques points, et ne fût-ce qu'en
étendue, y perd plus qu'elle ; — mais je conviens,
au demeurant, que c'est assez exact. Ne croyons pas
néanmoins qu'il soit toujours très flatteur d'être
nommés « européens » : tout modestement, admet-

La Russie est-
elle « *europé-
enne* » ou « *asia-
tique* » ?

Les trois mon-
des du continent
asiatico-euro-
péen : Europe —
Russie — Asie.

tons qu'on n'est pas forcément « européen » *ou* « asiatique ». Il faut en réalité distinguer *trois* mondes sur notre vieux continent : l'Europe, la Russie et l'Asie.

Les Anglo-Saxons ont depuis longtemps admis, dans la pratique, cette distinction. Et ce n'est point tant sur la petite presqu'île occupée par l'Europe, telle que nous venons de la définir, que leur attention s'est portée, mais sur la meilleure moitié du continent lui-même, c'est-à-dire sur l'Asie.

*
* *

Européens en tant que peuple, au même titre que nous, les Anglais ne pouvaient cependant aspirer à jouer en Europe même, et dès l'abord, un rôle prépondérant. Isolés dans leur île, il eût fallu, pour qu'ils occupassent sur le théâtre restreint des premières luttes une place avantageuse, qu'ils parvinssent d'abord à s'établir solidement en un point déterminé de ce théâtre lui-même. C'est à quoi tendirent leurs efforts tant que l'Europe constitua pour la race aryenne le seul champ possible d'activité et de production. La guerre de cent ans entre la France et l'Angleterre s'explique beaucoup plus — quant à sa durée du moins — par cette cause profonde que par la rivalité des prétendants divers au trône des Capétiens, devenu vacant par la mort de Charles IV.

Refoulés et contraints à nouveau de passer la mer, les Anglais se trouvent pendant près de deux siècles l'un des moins privilégiés d'entre tous les peuples européens. Ils achèvent la conquête de l'Irlande, vaincue mais non soumise au xiiie siècle par Henri II ; une nécessité vitale les oblige à étendre leur domination sur cette île, celle qu'ils occupent ne pouvant suffire à leur fournir les matières premières dont ils ont besoin, et la navigation, relativement peu développée jusqu'à la fin du xve siècle, ne leur ayant pas encore ouvert cette voie merveilleuse et libre de l'Océan, dont ils seront un jour les maîtres incontestés.

Mais l'âpreté même de la lutte pour l'existence, la constante influence des horizons larges vers lesquels déjà s'aventuraient les voiles audacieuses des marins anglais, l'habitude de rencontrer partout des obstacles cachés, la nécessité de surmonter ces obstacles à tout prix, comme aussi de percer les brumes de l'Océan et de sonder sans cesse le ciel et les espaces afin de découvrir la voie du port, tout cela contribua à développer intensément, chez cette race par ailleurs énergique, robuste et laborieuse, les fortes qualités auxquelles elle est redevable de sa puissance. Une seule Révolution suffit à l'Angleterre pour se donner un régime à la fois souple et fort, libéral et traditionnel, démocratique et discipliné. D'ailleurs, au moment où cette Révolution éclate, la Grande Bretagne est déjà constituée, non seulement dans son *unité*, mais encore selon le terme dont Elisabeth baptisa le bill de 1562, dans son *uniformité* :

— *unité* par l'annexion du Pays de Galles (1536) et par la réunion des couronnes d'Ecosse et d'Angleterre (1603), — *uniformité* par l'organisation officielle de l'anglicanisme (bill de 1562).

Déjà se font jour les traits distinctifs de la mentalité nationale ; déjà s'accusent les fortes caractéristiques qui distingueront le peuple anglo-saxon de ses voisins de race latine. Même dans les luttes de pur intérêt temporel et matériel, le Latin, idéaliste, poursuivra toujours ou croira poursuivre une Idée. Pratique et positif, l'Anglo-Saxon saura toujours, même dans les luttes d'idées, poursuivre et réaliser un but palpable et concret.

Pourtant, cette apparente opposition, qui semble à première vue nous assigner le rôle du désintéressement le plus généreux, tandis qu'elle fait ressortir sous un jour sans avantage le légendaire égoïsme britannique, cette opposition apparente n'est que factice. Au fond, les buts sont les mêmes et c'est à peine si la conception de ces buts diffère ; ce par quoi les deux races se distinguent, c'est surtout par la conception des moyens. Pour nous, Latins, le bonheur moral apparaîtra comme le premier but à poursuivre ; mais c'est parce que de ce bonheur moral nous attendons finalement qu'un progrès matériel, fait de sécurité et de bien-être, sortira pour toute l'humanité. Pour les Anglais, c'est le progrès matériel qui importe d'abord — mais ce progrès lui-même s'inspire dès le début d'aspirations morales profondes, susceptibles, nous le verrons, d'aboutir par leur développement naturel à la même conception qui fut notre point de départ.

Quel que soit, en effet, le dédain qu'affecte

tout Anglais pour ce qui s'appelle « le sentiment »,
il n'en est pas moins vrai que les mobiles les
plus puissants de son activité se trouvent déterminés eux-mêmes par les plus nobles d'entre les
sentiments : un amour intense du « home » et,
au-dessus du « home », de la patrie ; une fierté
nationale qui lui donne de sa dignité et de sa
responsabilité personnelles une conscience profonde ; enfin, une véritable passion de la liberté.

C'est bien là ce que nous trouvons au fond de
toutes les manifestations collectives dont est
faite l'histoire du développement de la puissance
anglaise à l'intérieur comme à l'extérieur.

A quoi, pratiquement, aboutit pour l'Angleterre
cette grande lutte d'idées que symbolise la
Réforme ? A la création d'une Eglise *nationale*.
Cette particularité ne jouera pas un médiocre
rôle dans la vie d'« isolement superbe » de la
nation anglaise et dans la concentration de
toutes ses forces intellectuelles, spirituelles et
morales au profit de l'intérêt commun. Et cela
est si vrai, que la question d'Irlande tient tout
entière dans ce fait que les Irlandais, en repous-
sant pour leur plus grand honneur l'anglicanisme,
ont échappé, pour leur plus grand préjudice, à
l'assimilation complète qui seule eût fait d'eux
de véritables Anglais.

... A quoi aboutissent aussi les divers change-
ments de dynastie qui font passer successivement
la couronne aux Tudors, aux Stuarts, aux princes
d'Orange et à ceux de Hanovre ? Toujours et
avant tout à la consécration et à l'affermissement
des libertés populaires. Même les empiètements

du pouvoir royal, même les tentatives absolutistes de quelques souverains n'ont finalement pour effet que le développement de ces libertés traditionnelles...

Enfin, il est remarquable que les guerres civiles ou intérieures servent elles-mêmes au progrès de la puissance anglaise à l'extérieur. La puissance maritime de la Grande-Bretagne date en réalité de la guerre des Deux-Roses et se trouva développée par le gouvernement révolutionnaire de Cromwell.

Qu'un champ s'ouvre maintenant à l'activité de ce peuple énergique jusqu'à l'opiniâtreté, entreprenant jusqu'à l'aventure et laborieux jusqu'à cultiver en lui l'amour de « l'effort pour l'effort », — et rien n'arrêtera la race anglaise dans son élan.

Or voici que ce champ s'ouvre immense et merveilleux. Les grandes découvertes géographiques du XVIe siècle révèlent à l'Europe de vastes mondes nouveaux. A la vérité, ces mondes, ce ne fut ni l'Angleterre qui les conquit, ni les Anglais qui les découvrirent, et il semble à première vue que le peuple anglo-saxon se contenta bonnement de les « exploiter ». Mais c'est justement ici qu'apparaît la portée morale et humanitaire de l'œuvre — plus égoïste en principe que la nôtre et pourtant plus féconde en ses résultats — de la colonisation britannique; tandis que nous, Latins, poursuivions en *conquérants* nos « découvertes », les Anglais poursuivaient leur « exploitation » en *colonisateurs;* tandis que nous concevions notre œuvre colonisatrice comme

Nouveaux résultats de l'isolement: conception toute personnelle de l'idée de " *puissance* ,, et de l'idée d'"*extension*,,

une œuvre d'*assimilation*, les Anglais réalisaient
cette même œuvre sous la forme plus libérale,
plus intelligente et plus largement humanitaire
de la *protection*. D'où vient cette différence ?

Avant que de trouver dans leur situation géographique les garanties les meilleures de leur
sécurité, les Anglo-Saxons avaient eu, nous
l'avons vu, à souffrir durant de longs siècles de
leur isolement. Leur développement fut donc
d'abord plus laborieux et plus lent que celui des
peuples établis sur le continent même et c'est
pourquoi, au moment où Espagnols et Portugais
se partageaient déjà le Nouveau Monde, la
Grande-Bretagne, elle, achevait tout juste de se
constituer. Par contre, le siècle qui vit à la fois
la fondation de l'union anglaise et la consécration de son uniformité — ce siècle (I) qui marque
en même temps le triomphe de la Réforme et
l'affermissement des libertés nationales par la
Révolution, fut pour le peuple anglo-saxon un
siècle de recueillement et de profond travail sur
lui-même. Ce travail intérieur et ce recueillement
forcé eurent pour résultat de développer en lui
une conception absolument personnelle, non seulement du *but* que les nécessités matérielles lui
imposaient, mais encore des *moyens* propres à
le conduire à ce but. Il ne faut pas s'étonner de
ce que, pendant trois siècles et demi, les Anglais
aient poursuivi avec une ténacité étonnante, un
esprit de suite incomparable et une perspicacité
vraiment géniale la réalisation successive de

---

(1) 1550-1650.

buts partiels qui, pris dans leur ensemble, constituent le plus vaste et le plus admirable programme d'extension qui se soit jamais vu. Il
n'est pas exagéré de dire que, pour l'Angleterre,
ce programme était déjà tracé — dans tous ses
détails et jusqu'à l'acte définitif qui devait marquer
quer son achèvement parfait — dès le lendemain
de la Révolution de 1648.

Comment les Anglais avaient-ils pu édifier
d'avance un plan d'une étendue si vaste dans
l'espace et dans le temps ? On peut répondre à
cette question par le mot fameux de Newton :
« *en y pensant toujours...* ».

En quoi cette conception diffère de la nôtre.

Or il n'est rien que nous excellions à découvrir
comme les défauts d'une entreprise à laquelle il
nous est interdit de participer. L'orgueil et l'intérêt britannique avaient l'un et l'autre profondément souffert de voir, durant des siècles, les
peuples du continent européen développer sans
cesse leur extension, tandis que la mer, alors difficilement franchissable, posait d'étroites limites à la
puissance anglo-saxonne. Toutefois, cette extension des peuples européens n'avait été, en somme,
qu'une extension **politique** — et elle n'aurait pu
vraiment être autre chose, puisque le vieux
monde, déjà fort peuplé et ne renfermant presque
plus de territoires inexploités, ignorait les
richesses encore vierges du monde nouveau.
Naturellement, lorsque ce monde nouveau leur
fut ouvert, il était facile de prévoir que les
mêmes peuples — ayant derrière eux toute une vie
politique déjà longue — ne pourraient pas trans-
former radicalement leurs tendances, leurs cou-

tumes, enfin tout leur atavisme, pour adapter leurs conceptions de la « puissance », de l'« extension », aux conditions absolument nouvelles que les grandes découvertes géographiques devaient créer. Et, de fait, la vieille conception resta. Notre mode d'extension — tout comme celui des autres peuples de race latine (1) — eut beau se modifier sous des influences diverses, ces modifications ne furent jamais profondes, parce que les influences qui les déterminèrent furent des influences d'*idées* et non des influences d'*intérêts*. Nous avons pu changer la forme, nous n'avons pas changé le fond : toute *extension* pour nous est une *conquête*, et toute *entreprise coloniale* une *entreprise d'assimilation*.

La conception anglaise est tout autre. Tandis que nous nous préoccupons surtout de l'extension **politique** (2) — au contraire, l'extension **économique** intéresse à peu près seule les Anglo-Saxons. Et cette conception, les Anglais l'ont eue dès l'abord, pour la bonne raison qu'avant de l'avoir, ils n'en avaient aucune ; ce n'est donc pas chez eux une conception acquise et plus ou moins formelle ; c'est une conception

---

(1) Je dis « latine » car je crois qu'il faut faire exception pour la Hollande. Quant aux autres puissances européennes n'appartenant pas à la race latine (Slaves et Germains), leur extension est postérieure aux découvertes du xve siècle.

(2) Il va de soi que j'entends ici le mot « **politique** » dans un sens plus général que celui que je lui attribuai aux premiers chapitres de ce livre. Dans l'« art politique » opposé à l'« art militaire », j'ai pris le mot « politique » au sens de « diplomatique » ; j'oppose ici l'idée purement « politique », toujours plus ou moins abstraite, à l'idée « économique », qui présente un but matériel et concret. Je pense que cette précision suffit...

Et ce qui résulte, pour l'Angleterre et pour nous, de cette différence.

unique et exclusive — par suite forte et profonde comme un instinct.

Qu'on songe maintenant à ce qui résulte de ceci : — l'Angleterre n'aspire point à « conquérir », mais à « exploiter » ; même lorsqu'elle « possède », ce n'est pas au même sens que nous, et il apparaît que ses droits de « possesseur » se limitent à « organiser », « trafiquer » et... « protéger ». Que lui importe donc l'Europe ? Que lui importe une situation européenne ? ou le prestige européen ?

De plus en plus surabondamment peuplée, et ne renfermant presque plus une seule parcelle de territoire inexploité, l'Europe — péninsule relativement étroite d'un continent dont elle-même ignore ou dédaigne tout ce qui ne se trouve pas à portée de son regard ou de sa main — ne saurait, économiquement, faire office d'autre chose que d'un immense atelier de production industrielle. Tel est bien le rôle que le plan d'hégémonie anglaise lui assigne ; disons mieux et ne nous bornons pas à l'induction : tel est le rôle que la réalisation de ce plan contraint effectivement les puissances continentales à jouer sur l'échiquier mondial.

A cette réalisation, d'ailleurs, l'Europe devait aider plus que l'Angleterre. C'est que toute la vie politique des grandes nations continentales, et surtout des nations latines, s'inspire, nous l'avons dit déjà, d'idées plus que d'intérêts ; or, si les intérêts sont souvent communs, les mentalités sont presque toujours différentes et parfois même se contredisent ; aussi, de perpétuelles dissen-

sions arment-elles les uns contre les autres et à
peu près sans interruption les peuples européens ;
et dans ces luttes, c'est la question de *prestige*
qui passe presque toujours la première : celle de
l'intérêt matériel ne vient qu'au second plan. Elle
ne vient même généralement qu'au troisième, car
à côté du *prestige* (idée déjà — mais qui toutefois
peut avoir des rapports avec l'intérêt) il y a l'idée
elle-même, l'*idée pure*, l'idée morale, en un mot
le *sentiment*. La Réforme ouvre pour l'Europe
une ère de luttes sanglantes dans lesquelles les
passions religieuses jouent un rôle primordial ; —
la Révolution de 1789 détermine les principes au
nom desquels les peuples du continent s'égorge-
ront mutuellement pendant trois quarts de siècle,
les uns pour assurer l'émancipation démocratique,
les autres afin de défendre le système politique
traditionnel. Au nom d'une idée, nous enverrons
nos soldats au Mexique ; et c'est en invoquant
l'intérêt supérieur de la civilisation et du progrès
que l'Angleterre nous décidera à fermer les Dardanelles à la Russie, notre alliée naturelle, en qu
Thiers ne trouvera quinze ans plus tard que froideur hostile, — ou à ouvrir les ports de la Chine à
l'extension occidentale représentée par les entrepreneurs britanniques... Toutes proportions gardées, le spectacle de l'Europe depuis la Réforme,
et surtout depuis 89, rappelle celui de la Grèce
au temps de la rivalité d'Athènes et de Sparte, ou
de Sparte et de Thèbes. Assez éloignés des événements qu'ils apprécient pour porter sur leur
compte un jugement général et objectif, les écrivains modernes déplorent fréquemment cet anta-

gonisme des grandes cités de la Hellade — antagonisme qui devait préparer la voie à l'hégémonie macédonienne. Mais faut-il juger si sévèrement cet antagonisme et regretter si amèrement cette hégémonie ?... Athènes et Sparte symbolisaient deux mentalités absolument différentes, et leur alliance même, survenue très tard, ne produisit, ni pour ces deux cités en particulier, ni pour la Grèce dans son ensemble, les résultats féconds et pacificateurs qu'on en pouvait attendre. Quant à l'hégémonie de la Macédoine, son premier effet fut de réaliser la Confédération des Etats grecs qui n'avait pu jusqu'alors se constituer et grâce à laquelle la civilisation hellénique — répandue au loin par Alexandre, dont l'œuvre contribua ainsi à nous la transmettre — put vivre jusqu'au jour où Rome se trouva assez mûre pour recueillir ce précieux héritage. On dit que l'Histoire *se* répète ; il serait plus exact de dire que les hommes *la* répètent volontiers ; car les mots changent, les races se succèdent et la civilisation se transforme, mais le monde des idées morales se modifie peu et les passions humaines ne changent pas.

Comment il était plus aisé pour l'Angleterre de conquérir économiquement tout l'hémisphère que nous n'habitons pas que de s'implanter effectivement sur une partie plus ou moins grande de l'hémisphère que nous habitons.

L'Angleterre pouvait donc compter qu'il lui serait plus aisé de conquérir économiquement tout l'hémisphère que nous n'habitons pas que de s'implanter effectivement sur une partie plus ou moins grande de celui que nous habitons. Et en effet, ni la perte du Canada et de l'Inde, que l'impéritie du gouvernement de Louis XV nous laissa successivement enlever, — ni celle de l'Egypte et de Suez, que Bonaparte tenta vainement d'assurer à notre empire, — ni enfin l'effacement de plus en

plus grand de notre influence en Orient (effacement consacré, malgré la Syrie, par les résultats du
conflit mondial), ne devaient nous émouvoir autant que l'eût fait la diminution de dix kilomètres
carrés de notre territoire « européen ». Sentiment
très noble, du reste, je ne le conteste absolument
pas — mais, tout de même : *sentiment*. Que ce
soit à notre honneur, soit ! — il faut bien constater que ce n'est pas à notre avantage. Et peut-
être eussions-nous pu souvent concilier l'un et
l'autre, en songeant à *l'honneur* sur les champs
de bataille, mais en pensant aux *avantages* dans
les salles de Congrès... en « luttant » pour des
idées, mais en « politiquant » pour des intérêts.
Ce n'est pas du tout ce que nous avons coutume
de faire, et les conférences diplomatiques des
deux dernières années suffisent à le prouver. Le
« Congrès de Versailles » donna surtout satisfaction à notre prestige : Clémenceau *présidait* après
que Foch eût dicté les conditions de l'armistice ;
il ne fut question pendant un an entier que de
notre héroïsme, des services immenses que nous
avions rendus à l'Humanité et des réparations
auxquelles nous avions droit ; mais ces réparations
devaient se limiter à peu près à des avantages « européens », et tandis que de cette façon la ruine
de l'Allemagne ne semblait être consommée que
par nous et pour nous, nous laissions à Lloyd
George et à Woodrow Wilson le soin de fixer les
destinées du monde. Eussions-nous, du reste,
songé à ce « monde » dont nous sommes si loin,
nous nous serions trouvés arrêtés dès l'abord par
un principe merveilleusement choisi pour nous

faire consentir aux plus étranges combinaisons
et pour préparer éventuellement à nous-mêmes
un piège tout prêt dans les rivalités de l'avenir :
le « *principe des nationalités* » fut appliqué par
ci, transgressé par là, suivant les cas, pour aboutir
finalement à la constitution d'une Europe nouvelle
où je ne suis pas certain qu'aucun des peuples
du continent se sente beaucoup plus à l'aise qu'à
la veille du grand conflit. N'importe : de cette
Europe nouvelle, l'Angleterre avait depuis longtemps dressé minutieusement la carte selon ses
vues et ses intérêts. Soyons sûrs que si la carte
d'Europe n'est pas aujourd'hui très exactement
celle que Lloyd George avait dans son calepin,
elle ne s'en écarte guère et finira, *grâce à nous-
mêmes*, par ne s'en écarter plus du tout.

Je sens bien qu'en la matière il convient d'être
circonspect. « La critique est aisée, mais l'art est
difficile », me dira-t-on. Assurément. Aussi n'irai-
je pas nier qu'il eût été injuste d'attendre d'un
Congrès de diplomates l'édification parfaite d'une
œuvre définitive et durable : cette œuvre dépend
des peuples eux-mêmes plus que des hommes
d'Etat, et quand ceux-ci se seraient par avance
ingéniés à gâcher l'œuvre (ce qui est le cas peut-
être et ce qui, peut-être, ne l'est point...), nous
pourrons presque toujours la parfaire et la modifier. Mais je me borne à préciser une différence :
celle de la conception anglaise et de la conception
latine des problèmes politiques contenus dans le
terme de « *puissance* » et dans celui d' « *extension* ».

*
* *

Les Anglo-Saxons ont su admirablement choisir les terres les plus propres à une production intense et avantageuse. Quoiqu'il en soit des aptitudes colonisatrices des divers peuples du continent ou de leur incapacité, il faut bien reconnaître que la valeur intrinsèque des domaines que ces peuples possèdent encore n'est pas comparable à celle des territoires soumis à la domination britannique. Que les Anglais eussent su tirer partie mieux que nous des richesses de l'Algérie, du Tonkin, de Madagascar ou du Maroc, cela est indiscutable et nous ne ferons rien de bon tant que notre extension persistera à se développer par le moyen de l'*assimilation;* mais on ne saurait comparer l'Algérie à l'Australie, le Tonkin aux Indes ou le Maroc au Canada. Les Anglais ont eu le bon sens de nous laisser quelque chose, ainsi d'ailleurs qu'à la Hollande et qu'à nos frères latins. Ne pouvant exploiter que fort peu par eux mêmes et craignant d'ailleurs de trop inquiéter l'Europe en s'installant partout, ils se sont sagement limités, ils ont fait leur choix; s'ils l'ont fait admirablement, quelles raisons aurions-nous de leur en vouloir, nous qui le leur avons laissé faire et qui même les y avons aidés?...

L'important est, pour que les susceptibilités européennes soient à peu près en repos, que les dominions britanniques ne soient pas trop proches de la partie restreinte du continent que nous habitons; la possession de l'Afrique du Nord par

CONSTITUTION
LABORIEUSE ET
PRÉVOYANTE
DE L'EMPIRE
COLONIAL
ANGLAIS l'Italie et par la France permet à ces deux nations de sauvegarder suffisamment leur prestige de « puissances méditerranéennes » ; que la Grande-Bretagne possède seulement le Maroc ou la Tripolitaine, et il nous paraîtra de suite qu'elle empiète sur nos droits séculaires et menace directement notre indépendance.

Empiéter sur l'Europe ou la menacer ? Non, certes ! L'Europe attire si peu l'Angleterre qu'on peut dire que son extension « nous tourne le dos ». Quelques sentinelles avancées (Gibraltar, les ports de l'Egypte et, demain, Constantinople...) suffisent à la sécurité britannique. Pour *exploiter*, elle va plus loin... Elle s'installe dans d'immenses contrées, trop lointaines et trop différentes des nôtres pour nous sembler dignes d'intérêt — et quand, d'aventure, elle rencontre sur sa route des concurrents européens, elle ne refuse pas de leur abandonner généreusement un petit morceau (Indo-Chine française, Indes Néerlandaises). Mais où la Grande-Bretagne s'installe, elle s'installe bien. Dédaignant les terres improductives, elle s'étend à l'aise sur tout le continent australien où elle exploite des mines d'or, de cuivre, de charbon — élève un bétail suffisant pour ravitailler, si elle le voulait, l'Europe entière — cultive des céréales et entretient d'immenses forêts. Ici, pas d'indigènes à redouter, pas de peuple autochtone à assimiler ou à réduire : l'assimilation et la destruction répugnent également, il faut le dire à leur louange, à la conception économique des Anglo-Saxons. Mêmes conditions à peu près pour le Canada. Quant à l'Inde, la Grande-Breta-

gne s'y trouve bien en face de plusieurs millions
de sujets, et cela peut «lui donner parfois un peu
de fil à retordre » (1) ; toutefois, ces centaines
de millions d'autochtones sont un peuple beaucoup moins exubérant et infiniment plus laborieux
que ne l'est, par exemple, le peuple arabe ; aussi,
tandis que nous avons quelque peine à développer
pleinement et librement notre grande colonie
algérienne parce que l'Arabe « nous échappe », et
que nous ne pouvons ni l'« *assimiler* » à la façon
latine, ni l' «*organiser*» à la façon britannique,
soixante-dix mille colons et fonctionnaires anglo-
saxons parviennent à maintenir dans tout l'immense empire des Indes un état d'ordre et de paix
certes très relatif, mais parfaitement suffisant à
assurer le fonctionnement normal de l'*entreprise*, c'est-à-dire uniquement l'*exploitation*
du pays.

Ainsi, connaissant admirablement l'univers,
maîtres absolus des mers par la puissance chaque
jour plus grande de leur flotte, appréciant avec
un admirable bon sens et une froideur tout
objective les profits qu'ils pourront tirer de l'exploitation de tel ou tel territoire, calculant
d'avance et avec une précision mathématique
dans quelle mesure ces profits pourront com-
penser les frais ou les inconvénients de l'entreprise, les Anglo-Saxons ne se lancent jamais à
l'aventure et se gardent surtout de « conquérir »
ou d' « annexer ». J'avoue que j'ai été étonné de
la déclaration du protectorat anglais sur l'Egypte :

---

(1) Le mot est de Chamberlain...

cet acte, il est vrai, aura prouvé l'omnipotence britannique en même temps que notre désintéressement parfait ! mais je suis convaincu que l'autonomie même de l'Egypte ne se trouvera finalement pas atteinte par l'organisation nouvelle du pays ; les Anglais sauront assurément établir un « *modus vivendi* » qui rende leur entreprise avantageuse sans que les Egyptiens les plus patriotes aient le droit de le regretter. Il en sera probablement d'eux ce qu'il en sera de la Perse et de la Chine où la Grande-Bretagne remplace le système de l'« *exploitation* » directe sous couleur de « *protection* » par le système de « *pénétration* » sous couleur de « *zones d'influence* »... L'Angleterre ne s'implante en maître du sol que lorsqu'elle ne peut faire autrement. Peu lui chaut que l'Egypte ou la Perse soient appelées « *protectorats* » ou « *colonies* » ; peu lui importe même qu'elles soient dites « *anglaises* », pourvu que le commerce *anglais* ait seul la concession du trafic de ces pays avec le reste du monde, pourvu que ce trafic soit alimenté par une suffisante production et pourvu enfin qu'il se trouve quelques postes d'avant-garde assez sûrs pour écarter les concurrents éventuels...

Ce qu'est l'Europe pour l'Angleterre et comment se trouve déterminée la politique anglaise à l'égard du continent.

Sachant toujours ce qu'ils veulent et pourquoi ils le veulent, mais aussi ne voulant jamais que ce qui est indispensable à leur libre développement, les Anglo-Saxons auront toujours sur nous cet avantage immense : de poursuivre un but précis, dès longtemps arrêté, étudié sous ses aspects les plus divers et dans ses moindres détails, en sorte que toutes les difficultés possibles de réalisation ont été par eux d'avance prévues et *préve-nues*. Or, comme d'autre part l'Europe est l'arène politique où s'élaborent les traités et s'enregis-trent, pour être juridiquement consacrés, tous les actes internationaux, la Grande-Bretagne n'a pas, vis-à-vis des peuples du continent, l'embarras du choix sur ce que doit être sa politique; cette po-litique, pour détourner de son propre empire les compétitions européennes, ne peut être que de « servir » ces compétitions et de « s'en servir ». A ce jeu, l'Europe, nous l'avons vu, se prête avec la meilleure bonne grâce. Les haines entre les peuples y sont plus que partout profondes et durables ; en outre, les questions pendantes sont, en Europe, multiples et constamment à l'ordre du jour ; enfin, chacune de ces questions est toujours suscep-tible elle-même de se compliquer à l'infini d'autres questions subsidiaires dites « *questions de prin-cipe* » et de susceptibilités aiguës dites « *ques-tions de prestige* ». Ce que les diplomates appel-lent plaisamment le « *concert européen* », n'est généralement qu'une suite de dissonances entre-coupées par quelques intervalles de cacophonie et se terminant, grâce à la fatigue générale, par un accord relatif lorsque l'instrument principal se trouve à peu près seul en état de jouer... Il est facile d'imaginer ce que peut une politique habile et prévoyante dans de semblables conditions. Je parle souvent dans ce livre des « coïncidences » si nombreuses et apparemment inexplicables qui semblent favoriser providentiellement les Anglo-Saxons. Soyons justes : ces coïncidences n'ont rien d'étrange, et il serait bien plus étonnant qu'il

Le « concert eu-ropéen »...

...et l'explication naturelle des coïncidences.

n'y en eût pas. Car, au milieu du concert dont nous parlions tout à l'heure, il n'est presque pas une « note » ou même une « combinaison de notes » qui ne soit à un moment ou à l'autre rendue par tel ou tel instrument. L'Anglais sait très bien quelle est la note (et donnée par quel instrument...) dont il pourra tirer parti pour édifier l'accord final que son archet, d'avance, est instruit à jouer par cœur. Quoi d'étonnant qu'il y parvienne ?...

Un exemple d'actualité : La Conférence de San-Remo.

Prenons du reste un exemple entre mille... La conférence de San-Remo, coïncidant avec le désaccord créé par l'occupation de Francfort, est un fait tout récent dont chacun se souvient encore. Je ne veux pas qu'on puisse m'accuser de pousser jusqu'à la manie l'analyse des faits et des causes ou d'exagérer la perspicacité naturelle par amour des coïncidences. Mais voici comment s'exprimait, le 20 avril dernier, au sujet du différend franco-anglais le « *Journal de Genève* » — organe de langue française et d'esprit français, d'autant plus impartial qu'il est cependant étranger, et dont la haute tenue littéraire et politique peut rivaliser avec celle de nos meilleurs quotidiens :

« A l'accusation portée contre lui par le Premier Anglais d'avoir agi dans l'affaire de la Ruhr sans l'assentiment préalable des Alliés, le Président du Conseil français ne peut répondre qu'en soulevant la question de la mainmise britannique sur le proche Orient. A l'avance française en Allemagne, opération parfaitement conforme à la lettre même du Traité de Versailles, il ne man-

quera pas d'opposer certaines initiatives prises
par le commandement anglais, à Constantinople
par exemple et en Syrie, et qui vont à l'encontre
de toutes les conventions passées précédem-
ment...

... « Mais le premier Ministre anglais, de son
côté, a senti venir l'attaque. Sans doute aussi se
rend-il compte, après coup, de tout ce que son
attitude à l'égard de la France dans l'affaire de
la Ruhr eut de maladroit et de blessant. Toujours
est-il qu'il est parti pour San-Remo dans l'intention d'y faire un de ces rétablissements sensa-
tionnels dont il a le secret. Et son premier geste
sera de tirer de sa poche le projet d'ultimatum
qu'il propose d'adresser au Cabinet de Berlin
dans la question du désarmement de l'Allemagne. Recevant satisfaction sur un point aussi
essentiel, M. Millerand ne pourra se montrer trop
intransigeant sur les autres. Ainsi, pour prix de
sa sécurité sur le Rhin, la France risque fort
d'avoir à faire le sacrifice de certains droits
acquis en Méditerranée orientale, et, *après avoir
provoqué la tension que l'on sait, M. Lloyd
George semble bien encore devoir recueillir
le bénéfice de la réconciliation...* »

Je ne prétends pas que ces prévisions se soient
réalisées avec une exactitude complète ; et n'aurions-nous obtenu à San-Remo que la reconnais-
sance officielle de notre mandat sur la Syrie, ce
serait là déjà un résultat très satisfaisant puisque ce résultat met fin à une situation trop longtemps équivoque où notre honneur national se
conciliait parfois difficilement avec la prudence

Ce que la France
a rapporté
de San-Remo...

exigée par nos intérêts. Loin de moi aussi la pensée de diminuer le moins du monde la valeur de l'œuvre accomplie si lestement à San-Remo par notre Premier Ministre... Cette œuvre toute partielle n'affecte ni l'envergure de celle du Congrès de Versailles ni son caractère de confusion bruyante et d'éparpillement : pourtant, du point de vue auquel je me place dans cette étude, San-Remo vaut plus que Versailles ; la courte conférence de Lloyd George et de Millerand n'est rien moins qu'un entr'acte très sobre et très digne apportant au spectacle de notre abdication politique une diversion rassurante. Puissent les scènes qui suivront rester à la hauteur de cet entr'acte réconfortant et la France politique soutenir énergiquement l'un de ses rares hommes d'Etat qui ne se révéla ni phraseur ni politicien !...

... Et ce que l'Angleterre en rapporte.

Quoiqu'il en soit, le judicieux « *Journal de Genève* » avait parfaitement raison de dire que « après avoir provoqué la tension, M. Lloyd George recueillerait encore le bénéfice de la réconciliation ». Car, pour avoir consenti à s'entendre avec nous sur un point où nous avions pleinement raison, le premier Ministre anglais obtenait aisément que nous passions l'éponge sur un autre point où lui-même avait eu pleinement tort !... Et tandis que Millerand regagnait Paris avec l'assentiment britannique à notre occupation momentanée de quelques villes allemandes, Lloyd George rapportait à Londres l'assentiment français à un projet bien « britannique » de traité avec la Turquie. A la lumière des faits antérieurs, ce traité prend pour nous une signification particulièrement suggestive. San-Remo n'ayant infirmé en rien le sens que nous pouvions donner à l'incident survenu en mars dernier entre le général Milne et le général Franchet d'Esperey, la situation générale aux Dardanelles apparaît d'ores et déjà celle-ci : occupation « *militaire* » : les Alliés ; — occupation « *politique* » : l'Angleterre.

Telle est la méthode d'extension de la puissance anglaise. On peut être à peu près certain que si, sur tel ou tel point du globe, l'Angleterre estime que son intérêt lui commande de s'établir, et si, après une étude minutieuse, les risques et le coût de l'entreprise ne lui semblent pas disproportionnés avec le profit certain qu'elle en pourra tirer, le point convoité finira toujours, sous une forme ou sous une autre, par se trouver absorbé dans le fin réseau de l'extension britannique. Gibraltar, Constantinople, Suez sont indispensables à la sécurité de l'Empire anglais sur la route des Indes : l'Angleterre aura successivement Gibraltar, Suez et Constantinople — et à peu près sans avoir besoin de les conquérir. Pour qu'elle se résigne à accomplir une « *conquête* », il faut que vraiment le but soit de toute première importance — tel fut par exemple le cas pour son dominion d'Afrique — mais la « *pénétration* », la « *protection* » et au besoin la « *concession* » pure et simple lui siéent mieux. Elle exploite déjà les puits de pétrole de Bakou tandis que nous en sommes encore à chercher comment pourraient se constituer les Républiques du Caucase selon le principe des nationalités.

Conclusions pratiques...

Nous nous réveillerons un beau jour devant une Russie plus ou moins renaissante sous l'impulsion des énergiques entrepreneurs anglo-saxons. Ceux-ci se trouveront tout naturellement portés à exploiter le platine de l'Oural, qui aurait pu nous être un précieux gage si nous l'avions voulu saisir au moment opportun, et les mines inépuisables du Donetz qui furent quarante ans entre nos mains... Nous avons failli céder à la Grande-Bretagne les magnifiques gisements de phosphates que nous possédons au Maroc : souhaitons que la tentation de les exploiter ne s'empare pas trop de nos industrieux voisins : je les crois certes beaucoup trop nos amis pour craindre qu'ils songent eux-mêmes à nous les prendre, mais je crois également que nous serions au besoin suffisamment leurs amis pour, un jour ou l'autre, et à la faveur de quelque « coïncidence », consentir nous-mêmes à les leur donner...

*
* *

LA LOYAUTÉ ANGLAISE

Je ne sais quel écrivain faisait remarquer dernièrement qu'il est peu de terme aussi couramment employé que celui de « loyale Angleterre » si ce n'est celui de « perfide Albion ». C'est que le génie politique anglais apparaît en effet loyal ou perfide selon le point de vue auquel on se place pour l'apprécier. Ici encore c'est d'une différence de conception qu'il s'agit surtout. Les Anglais ont de la loyauté une conception « *commerciale* » ; quant à nous, c'est une conception plutôt « *sentimentale* » que nous en gardons. On

Conception *"commerciale"* de la loyauté chez les Anglais.

peut évidemment discuter sur le point de savoir quelle est, de ces deux conceptions, celle qu'il faut préférer... Mais c'est encore affaire d'appréciation et nous n'en saurions tenir compte car ce n'est pas selon *notre* mentalité que nous devons juger l'Angleterre, mais selon la mentalité du *peuple anglais,* — quitte d'ailleurs à rester libres de préférer ensuite la nôtre à celle de ce dernier.

Je comprends fort bien, quant à moi, que les Anglais souffrent malaisément de voir leur loyauté mise en doute. Cela ne leur paraît pas seulement « injurieux », cela leur semble injuste et, selon leur favorite expression, « stupide ». Or l'injure ne les toucherait peut-être pas beaucoup ; mais l'injustice, et surtout la « stupidité », les exaspèrent. La politique n'est-elle pas, en effet, de tous points semblable au jeu de bridge ou au jeu d'échecs ? Et en quoi consiste l'habileté du joueur ? A prévoir les fautes de l'adversaire et à profiter de ces fautes d'abord... « D'abord », dis-je, mais ce n'est pas tout, ce n'est même pas le principal ; le joueur vraiment habile sera celui qui, par tel ou tel stratagème, saura « provoquer » les fautes de son concurrent. Prétendra-t-on, s'il y parvient, qu'il a déloyalement agi et songera-t-on à le traiter de perfide ?

Toute la conception anglaise de la loyauté en matière d'art politique est là. Et si, à côté des joueurs de génie que sont les Anglo-Saxons, nous sommes restés en quelque sorte des apprentis sans expérience, cela ne fait guère honneur à nos capacités puisque nous avons été appelés

Conception
" sentimentale " chez les
Français...

Comment
la conception
anglaise
se légitime...

beaucoup plus tôt que nos voisins à pratiquer le jeu compliqué de la politique sur l'échiquier mondial.

Peut-être m'objectera-t-on pourtant que la Grande-Bretagne pousse quelquefois un peu loin, dans le sens que je viens de dire, le libéralisme de ses conceptions morales appliquées à l'art politique. Il est vrai ; mais cela n'importe, attendu que les faits qu'on pourrait citer sortent absolument de la politique et relèvent tout au plus du droit commun. Encore le droit lui-même serait-il presque toujours impuissant à porter sur ces faits une sanction parfaitement équitable, car le fameux *« Is fecit cui prodest »* est un *proverbe* excellent mais n'est pas, et ne peut pas être, un *principe* juridique.

... et qu'on ne saurait faire de la formule *« Is fecit cui prodest »* un principe de droit.

Bonaparte inquiète William Pitt et les complots contre Bonaparte se multiplient au moment où, à Londres, quelques brochures tendancieuses expliquent qu'en temps de conflit la « suppression » de l'adversaire ne constitue point un assassinat... *« Is fecit cui prodest »* ?... Mais Bonaparte a des ennemis en France — et ce sont ces ennemis qui conspirent, et c'est en France qu'ils le font... Paul Ier rêve de voir Napoléon sur le trône et de fonder avec lui une alliance offensive contre les Iles... Le malheureux tsar est assassiné. *« Is fecit cui prodest »* ?... Mais l'Histoire nous dira que le premier auquel profita la mort de Paul Pétrovitch fut son propre fils Alexandre, lequel lui succéda et inaugura son règne en signant un traité d'alliance avec Willian Pitt... — Charles X fait fi des injonctions anglaises et ne songe qu'aux intérêts de la France : une petite insurrection l'oblige à abandonner le trône, et ce n'est pas la presse anglaise mais la presse française qui provoque l'insurrection... — Le comte Witte, il y a quelque quinze ans, entreprend la restauration des finances russes épuisées par la guerre du Japon, relève le prestige de l'Empire et parvient à faire échouer les menées révolutionnaires par une administration à la fois sévère et libérale... Il expire dans de mystérieuses conditions avant d'avoir pu lire à la Douma les déclarations qu'il avait promises sur les « dessous de la guerre de Mandchourie et de la Révolution de 1905 »... Le même sort à peu près échoit, à la fin de Juillet 1914, au Comte Hartwig, ambassadeur du tsar à Belgrade et très au courant de ce que prépare à l'Europe le drame de Sérajevo au sujet duquel il promet à M. N. Pokrowski (dernier ministre des affaires étrangères de Nicolas II), dans une lettre authentique « d'édifiants éclaircissements ». Le pauvre Hartwig, avant d'avoir pu fournir les éclaircissements promis, s'endort du dernier sommeil en absorbant sa traditionnelle tasse de café. «*Is fecit cui prodest*»?... Je crois bien qu'on a omis de citer ce fait dans l'énumération des crimes allemands...

Evidemment, dans les incidents et les coïncidences multiples par quoi se trouvent souvent déroutés les joueurs inhabiles que nous sommes, il se mêle parfois quelque chose de vaguement mystérieux qui nous effraie. Et nous nous révélons moins braves devant le mystère que devant De notre pusillanimité en présence des causes qui nous échappent.

le danger ; gravement, nous posons un doigt sur la bouche et nous nous détournons pour n'en point parler. Pourquoi ?...

Il est malsain d'entretenir ainsi au fond de nous-mêmes un trouble fait de rancune et de pusillanimité. Nous gagnerons toujours à regarder les choses en face et froidement. De tous temps, les conspirations de palais, les assassinats politiques, les coups d'Etat imprévus furent, en Orient surtout, la méthode habituelle (et d'ailleurs avantageuse parce qu'elle est simple) qui fournit le moyen de dénouer sûrement et rapidement les complications du moment. Puissance asiatique et puissance orientale, l'Angleterre a dû s'accoutumer à ce mode de simplification. Aucun fait n'a jamais permis de dire qu'elle admît la méthode et qu'elle la pratiquât ; s'il lui arrive de tirer parti de ceux à qui cette méthode ne répugne pas, en quoi pouvons-nous la blâmer ?... Et puis, qui sait si la main mystérieuse dont les coups imprévus nous étonnent n'est pas — bien loin d'être guidée par les incitations de l'Angleterre — celle de quelque puissance inconnue à laquelle le monde et l'Angleterre elle-même se trouvent contraints d'obéir ?... (1)

Qualités de l'esprit anglais :

En somme, l'Angleterre ne dit pas toujours ce qu'elle fait — mais, ainsi qu'on l'a très justement

(1) « Aujourd'hui les Gouvernements sont obligés de compter non seulement avec les souverains et les Gouvernements des autres pays, mais aussi avec les sociétés secrètes qui peuvent, au dernier moment, renverser tous leurs plans. Ces sociétés ont partout des agents et des auxiliaires... — auxiliaires actifs et qui ne s'embarrassent pas du choix des moyens, lesquels peuvent aller au besoin jusqu'au meurtre et jusqu'au massacre général. »
(Discours de Lord Beaconsfield à Eyless-Berry, 20 septembre 1876.)

remarqué, « elle ne fait jamais ce qu'elle dit ne
pas faire ». Avouons que c'est là déjà un grand
point à son avantage ; hormis nous, qui nous
croyons toujours obligés de dire d'avance ce que
nous ferons, et même ce que nous rêvons, il
n'est peut-être pas beaucoup de Gouvernements
en Europe qui puissent se vanter de n'avoir
jamais enfreint cette règle fondamentale d'honnêteté.

Loyale donc à sa façon, mais d'une façon fort
acceptable si l'on veut bien être objectif, l'Angleterre en politique a d'autres qualités qui me
paraissent considérables. Je dirai volontiers — dût-
on s'étonner de trouver ce mot sous ma plume
— que l'Angleterre, en politique, est bon enfant.
J'entends par là qu'elle adore la franchise, qu'elle
a le respect de tout ce qui dénote l'énergie et la
fermeté, et qu'elle admet avec la meilleure hu-
meur du monde qu'on dise d'elle tout le mal
qu'on en peut penser. Joseph Reinach faisait à juste
titre observer dernièrement, dans un article du
Figaro, que ce trait distinctif du caractère anglo
xason est un de ceux que, pour notre plus grand
préjudice, nous ignorons presque complètement.
« Sans doute, on a connu — mais on n'en a pas
connu assez — des Français, civils ou militaires,
qui savaient comment il faut parler aux Anglais
et comme les Anglais aiment qu'on leur parle,
« *hallo ! old boy !* » avec un cordial « *thump* »
dans l'estomac... Ce furent Foch, gourmandant
French aux heures tragiques de la ruée allemande sur l'Yser — et Joffre, frappant d'un grand
coup de poing sur la table quand Kitchener res-

tait encore hostile à l'expédition de Salonique, l'une des cinq sources de la victoire. Quelles popularités furent ou sont en Angleterre plus grandes que celles de ces hommes ?... » Reinach a parfaitement raison [et les Anglais nous estimeront toujours d'autant plus que nous oserons davantage leur dire ce que nous pensons. Certaine façon courtoise et trop discrète les indispose plus qu'elle ne leur complaît ; ils tirent parti, naturellement, de la discrétion et de la courtoisie ainsi mises à leur service et dont il serait désobligeant pour nous qu'ils ne profitent pas ; mais ce n'est pas sur quoi leur *estime* se fonde, parce que la courtoisie n'est tout de même qu'un « sentiment » et qu'il est deux choses que l'Anglais place toujours au-dessus du sentiment — et ce sont : l'intelligence et l'énergie. L'Angleterre *acclamera* Clémenceau qui laissa le Congrès de Versailles élaborer selon les vues anglaises le traité de paix sous prétexte qu'en accordant tout ce qui nous était demandé, nous obtiendrions ensuite tout ce que nous-mêmes réclamerions ; — mais elle *estimera* Millerand davantage qui sut *comprendre* et qui osa *vouloir*.

...Objectivité et impartialité de jugement chez l'Anglo-saxon.

A l'égard de nos amis d'Outre-Manche, craignons donc plutôt de sembler timides et naïfs que de montrer trop de perspicacité et de franchise. Je puis dire que je parle ici en connaissance de cause. Si ce livre, dans lequel je ne suppose pas qu'on trouve un panégyrique exagéré du peuple anglo-saxon, eût été d'aventure empêché de voir le jour en France, c'est en Angleterre qu'il aurait paru et des amis anglais me le conseillèrent :

« On vous approuvera », m'écrivaient-ils, « de dire nettement ce que vous pensez de nous et de soutenir carrément ce qui vous paraît juste ». J'ajoute qu'il y a près d'un an et demi déjà, tout de suite après l'armistice et bien avant que s'ouvrît le Congrès de la Paix, un journaliste neutre, attaché à une importante maison d'édition de la Suisse allemande, et connaissant mieux que moi l'Angleterre et les Anglais, m'avait donné le même conseil. Comme il était alors à peu près impossible en France d'écrire et de parler librement, et que d'autre part il m'eût paru fort inopportun de livrer à la publicité en pays neutre (c'est-à-dire en pays où la lutte politique entre les coalitions adverses battait son plein) certaines pages de critique parfois assez hardie, ce judicieux écrivain me dit sans hésitation : « Envoyez cela aux Anglais ; cela les intéressera beaucoup. » Et comme je riais, il ajouta : « Sérieusement, mon cher !... Vous parlez une langue que les Anglais comprendront mieux que vos compatriotes. *En politique, l'Anglais est impartial.* »

Et je conclus qu'on peut — et que je puis moi-même — dire de la politique anglaise tout ce qu'on voudra, mais que la franchise et l'impartialité anglo-saxonnes — si intéressés que soient les actes qui les accompagnent — inspirent plus de respect et tout autant de confiance que les chinoiseries, les craintivités et les « nuances » de notre éternel tâtonnement sentimental.

* *
*

Quelques exemples de la « *rude franchise* » anglaise.

L'analyse que je viens de faire de la conception toute « commerciale », et si peu pareille à la nôtre, que les Anglais ont de la loyauté, était indispensable pour que l'on comprenne comment l'attitude de l'Angleterre à l'égard de l'Europe se concilie parfaitement avec cette loyauté.

Nous avons dit un peu plus haut que ce qui forme réellement le continent européen ne pouvait être considéré par la Grande-Bretagne, maîtresse absolue des mers et détentrice des plus vastes et des plus fertiles territoires du monde entier, que comme un vaste atelier de production industrielle. Nous avons dit aussi comment les Anglo-Saxons devaient trouver, dans les dissonances mêmes du « concert européen », le meilleur auxiliaire de leur politique géniale.

On est bien loin d'imaginer, en France, à quel point les Anglais se soucient peu de dissimuler leur jeu et avec quelle netteté, parfois un peu plus que sincère, ils prennent soin de nous renseigner sur la façon dont ils entendent servir leurs intérêts et les nôtres.

Trois années avant que commençât la grande guerre, le lieutenant-colonel anglais Pollok, publiciste estimé, écrivait :

« *Tant que les puissances européennes seront divisées en groupes et que nous, Anglais, aurons la possibilité d'opposer ces groupes l'un à l'autre, l'Empire britannique n'a rien à craindre pour son existence... Ce n'est pas du tout pour les beaux yeux de la*

« Tant que les puissances continentales seront divisées en groupes et que nous pourrons opposer ces groupes l'un à l'autre, l'Angleterre n'aura rien à craindre pour son empire ». (Pollok, 1911.)

*France que nous avons résolu de la soutenir
contre l'Allemagne et ce n'est pas pour des
motifs chevaleresques que nous avons pris,
il y a de cela cent ans, la défense des peuples
opprimés par Napoléon. Dans la politique
internationale, il n'y a pas de place pour le
sentiment.*

*Nous nous sommes battus avec Napoléon
dans une lutte sans merci pour les mêmes
motifs pour lesquels, dans un avenir prochain, nous nous battrons avec l'Allemagne
ou, plus tard, avec une autre puissance.*

*Bref, notre politique extérieure est égoïste
au plus haut point — non que nous désirions
qu'il en soit ainsi, mais parce que nous
n'avons pas le choix. Notre destin est d'être
ceux qui décident des affaires d'Europe ou
de n'être rien...* »

Qu'on ne s'étonne pas d'un tel langage. Le
peuple anglais, je l'ai dit déjà, ne se serait jamais
battu pour une Idée. Et il fallut que, plus d'une
fois, la presse anglaise et les hommes d'Etat
anglais insistassent nettement, au cours même
de la guerre, sur la gravité des intérêts *personnels* qui avaient décidé la Grande-Bretagne à
entrer dans la lutte pour que la nation tout
entière fournît jusqu'au bout et avec joie l'indispensable élan.

Le « *Times* » du 8 mars 1915 indiquait,
dans un article parfaitement explicite et clair,
« pourquoi l'Angleterre a pris part à la
guerre » :

« *Il semble qu'il y ait encore des Anglais et*

des Anglaises qui se trompent grandement
sur les motifs qui ont forcé l'Angleterre à
tirer l'épée. Ils croient que c'est la violation
flagrante de la neutralité belge par l'Allemagne qui a fait déborder la coupe de notre
indignation et nous a décidés à participer à
la lutte. Ils ne réfléchissent pas à ceci, que
même si l'Allemagne avait observé scrupu-
leusement les droits de sa petite voisine et
avait cherché à se frayer un passage à travers
les forteresses françaises de l'Est, notre
honneur et notre intérêt nous auraient
poussés à nous joindre à la France et à la
Russie...

« ...Pourquoi avons-nous garanti la neutralité de la Belgique ? Pour une impérieuse
raison d'intérêt, — pour la même raison qui
nous a toujours portés à nous opposer à
l'établissement d'une grande puissance quelconque en face de nos côtes sud-orientales,
— pour la même raison enfin qui nous a
fait prendre autrefois la défense des Pays-
Bas contre l'Espagne et contre la France des
Bourbons et de Napoléon. Nous tenons notre
parole lorsqu'une fois nous l'avons donnée ;
mais nous ne la donnons pas sans de solides
raisons politiques et nous ne nous posons
pas en Don Quichotte international, toujours
prêt à redresser les torts qui ne le touchent
pas personnellement...

« Nous sommes entrés dans la « Triple
Entente », parce que nous nous sommes
rendu compte que le temps du « splendide

isolement » n'était plus. Nous sommes revenus à notre politique historique de l'équilibre européen, et nous y sommes revenus pour les mêmes raisons pour lesquelles nos ancêtres l'avaient adoptée. Ni pour eux, ni pour nous, ces raisons ne furent des raisons de sentiment. Ce sont des raisons personnelles, voire égoïstes. Si le désir de maintenir la paix de l'Europe a été au premier rang de nos préoccupations, c'est uniquement parce que, de cette paix dépendait notre propre quiétude. Dans l'éventualité d'une guerre, nous avons, tout comme nos ancêtres, conçu que la première ligne d'attaque et de défense de l'Angleterre devait être formée par ses alliés du continent. Lorsque nous subventionnions chaque Etat de l'Allemagne et, en somme, toute l'Europe, dans la Grande Guerre (Napoléon...) nous ne prodiguions pas notre or pour l'amour de la liberté de l'Allemagne et de l'Autriche ou par pur altruisme ; tout simplement, nous faisions un placement destiné à assurer notre propre sécurité et notre propre avantage, et, en définitive, nos dépenses nous ont toujours rapporté les bénéfices que nous en attendions...

« ...L'Angleterre ne combat pas en premier lieu pour la Belgique ou la Serbie, pour la France ou la Russie. Ces nations occupent une grande place dans sa pensée et dans son cœur ; mais elles viennent au second rang. La première place — et c'est justice — appartient à l'Angleterre elle-même. C'est pour elle

« Dans l'éventualité d'une guerre, nous avons conçu que la première ligne d'attaque et de défense de l'Angleterre devait être formée par ses alliés du continent ».

(Times, 8 mars 1915.)

« Tout compte fait, nos sacrifices nous ont toujours rapporté ce que nous en attendions ». (id).

et pour son empire que ses fils combattent... » (1)

Quelque temps après, le *Times* revenait
encore sur cette question ,et disait avec autant
de franchise et de netteté :

« *C'est pour nous-mêmes que nous avons tiré
l'épée afin de demeurer les maîtres de la mer*

---

(1) « There are still, it seems, some Englishmen and Englishwomen
who greatly err as to the reasons that have forced England to
draw the sword. They know that it was Germany's flagrant violation of Belgian neutrality which filled the cup of her indignation
and made her people insist upon war. They do not reflect that
our honour and our interest must have compelled us to join
France and Russia, even if Germany had scrupulously respected
the rights of her small neighbours, and had sought to hack her
way into France through the Eastern fortresses.....

« ...Why did we guarantee the neutrality of Belgium ? For an
imperious reason of self-interest, for the reason wich has always
made us resist the establishment of any Great Power over against
our East Coast, for the reason wich made us defend the Nether-
lands against Spain and against the France of the Bourbons and
of Napoleon. We keep our word when we have given it, but we
do not give it without solid practical reasons, and we do not set
up to be international Don Quixotes, ready at all times to
redress vrongs which do us no hurt...

« ...We joined the Triple Entente because we realized, however
late in the day, that the time of " splendid isolation " was no more.
We reverted to our historical policy of the balance of power, and
we reverted to it for the reasons for wich our forefathers adopted
it. They were not, either for them or for us, reasons of sentiment.
They were self-regarding, and even selfish, reasons. Chief amongtst
them, certainly, was a desire to preserve the peace of Europe, but
it was the chief only because to preserve that peace was the one
certain way to preserve our own. In the event of war we saw, as
our fathers had seen, England's first line of attack and of defence,
in her Continental Alliances. When we subsidized every State in
Germany, and practically all Europe, in the Great War, we did not
lavish our gold from love of German or of Austrian liberty, or
out of sheer altruism. No : we investe it for our own savety and
our own advantage, and, on the whole, our committmens were
rewarded by an adequate return...

...« She is not fighting primarily for Belgium or for Serbia, for
France or for Russia. They fill a great place in her mind and in
her heart. But they come second. The first place belongs, and
rightly belongs, to herself. It is for her hand, for her Empire that
her sons... »

The Times, N° 40.796. (8 mars 1915. P. 9 : " Why we are at War ".)

et du commerce du monde » (We have drawn the sword for our-selves because we wish to remain masters of the sea, and of the commerce of the world.)

*
* *

Quand, au langage si froid, si impartial, si net, que les dirigeants anglais et la presse anglaise tout entière tenaient à ceux qu'ils avaient charge d'instruire, on compare le fatras de charlatanisme oratoire dont nous fûmes nourris pendant cinq ans, — quand on songe qu'au sujet même de la participation anglaise au conflit, on s'ingénia à nous imposer une façon de thèse sentimentale telle que non seulement les Anglais ne l'admettaient pas, mais qu'encore leur rude loyauté s'en est toujours trouvée plus ou moins choquée — quand on se rappelle que le *Times* fut maintes fois censuré parce qu'il était trop sincère, tandis qu'à Londres le *Berliner Tagblatt* et jusqu'aux journaux pangermanistes se vendaient en toute liberté, on ne peut s'empêcher de ressentir je ne sais quelle amertume et quelle gêne devant l'abus qui fut fait de notre enthousiasme et de notre foi. Que nous combattions pour nos idées, et qu'à ces idées toujours nous soyons prêts à sacrifier nos intérêts, soit !... cela est beau — cela est noble — cela surtout est exceptionnel. Mais combien ces idées perdent à nos yeux de leur grandeur et de leur beauté lorsqu'il apparaît qu'elles se sont imposées par l'artifice et le mensonge ! Et quelle faiblesse morale se révèle dans ce mensonge même !... dans le fait que des milliers

Enseignements pratiques qui découlent de ces exemples.

d'entre nous l'ont perçu et n'ont pas *osé* le dire !...
que ceux enfin qui l'eussent osé étaient par
nous-mêmes voués d'avance au mépris !... Quel
est donc ce Droit, cette Justice, cet Idéal pour
lesquels nous luttons et qui ont peur de la
Lumière et de la Vérité ?...

Ne nous attardons pas trop néanmoins à ces
considérations déprimantes. La foule innom-
brable de nos héros resta toujours au-dessus de
tout artifice, et le mensonge ne l'atteignit pas. Il
faut en effet nous dégager enfin de l'obscurité
regrettable que le charlatanisme oratoire dont
j'ai parlé a fait naître ; il semble, lorsque nous
discutons le désintéressement anglais, que nous
amoindrissions d'autant la valeur de notre propre
effort. — « Ainsi », disons-nous volontiers, « c'est
donc pour l'Angleterre que nous nous sommes
battus ?... » Non, mille fois non ! et les deux
questions n'ont aucun rapport. *Deux* choses
importaient pour nous, *deux choses absolument
distinctes,* dont l'une et l'autre étaient également
indispensables, indiscutablement nécessaires à
notre libre développement à venir : *vaincre le
militarisme allemand dans tout ce qu'il pré-
sentait de dangers et de menaces pour nous* (et
si nous voulons, pour le monde... quoique de notre
souci si noble, le monde lui-même se soucie bien
peu) *et triompher de la politique anglaise dans
tout ce que les buts poursuivis par elle avaient
de contraire à nos intérêts.* Notre peuple a
magnifiquement *gagné la guerre* et nous a
sauvés ainsi du premier des deux dangers qui
nous menaçaient. Toute la valeur de son effort

et de son sacrifice reste intacte ; ce n'était pas à lui à *gagner la paix* et la première victoire préparait d'ailleurs la seconde merveilleusement. C'est là, et là seulement, que le mensonge et l'artifice ont produit leur effet. Grâce à eux, nous avons pu fermer les yeux sur l'œuvre du Congrès de Versailles — que par ailleurs nous connûmes lorsqu'elle fut accomplie. Grâce à eux nous avons pu consentir à ratifier la signature donnée en notre nom — quoique également à notre insu — sur les actes divers par quoi notre abdication politique se trouvait consacrée... Grâce à eux enfin, nous avons fait un héros du grand citoyen en qui le souci de préparer notre renaissance sut si génialement s'accorder avec le soin d'assurer à l'Angleterre « *tous les moyens de recommencer...* »

Nous avons lutté pour le Droit, pour la Justice, pour la Liberté des peuples, pour la Civilisation et pour la Vérité. Nous avons fait plus que lutter, nous avons vaincu ! Donc Georges Clémenceau, premier ministre de France, président du Congrès qui décida des destinées britanniques et des nôtres, Georges Clémenceau *a bien mérité de la patrie*. Nos neveux, probablement nous demanderont « de laquelle ? »... Et nous demeurerons interdits...

O tragique comédie de l'Histoire !... Avec un amour infini pour la France qu'ils voulaient libre et grande, avec une foi sans borne en leur patrie qu'ils croyaient forte et sage, ne s'inquiétant que de remplir en héros le devoir obscur de mourir pour une cause qu'ils étaient certains que leur sang suffirait à gagner, les soldats français tombaient stoïquement sur les champs de bataille de Flandre et de Lorraine aux accents convaincus d'une Marseillaise enivrante : « Allons! enfants de la **Patrie !...** Le jour de gloire est arrivé !... » Et ceux qui restaient criaient : « Debout les morts ! » à ceux qui déjà râlaient. Ah ! ce n'était pas à ceux-là qu'il fallait crier ce mot sublime !...

Ce qui est fait est fait. Mais il nous reste à chercher si — parmi les fruits de notre victoire que l'honorable Sir George Clémenceau sut cueillir et distribuer avec tant de prévoyance géniale, de noble sollicitude et de renoncement — quelque chose demeure encore avec quoi nous puissions au moins préparer la semence de demain. Et, dans ce sens, chacun de nous devrait faire siennes les paroles par lesquelles, dit-on, Millerand répondit à Deschanel lorsque le nouveau Président l'accueillit pour la première fois à l'Elysée : « Il est bien tard pour que je puisse beaucoup; mais *je tâcherai de faire plus que je ne puis.* » Peut-être notre premier ministre n'a-t-il jamais prononcé cette phrase ; il a fait mieux en tout cas, car il l'a réalisée. Faisons de même.

Etudions froidement la politique anglaise, non pour la combattre systématiquement, mais pour la comprendre — car, avant tout, *nous ne la comprenons pas.....* Tout comme nous, l'Angleterre poursuit aujourd'hui un Idéal : il dépendait de nous que cet Idéal ne fût pas l'ennemi du nôtre. Laborieuse et puissante, mais jeune plus que nous dans l'art de diriger le monde, — éprise de progrès et de liberté, admirablement servie d'ailleurs par son isolement, notre grande alliée a besoin d'être aidée et, au besoin même, d'être retenue dans son élan. L'omnipotence a ses dangers : «*La fortune des empires maritimes*», a dit Montesquieu, «*ne saurait être longue, car ils ne vivent que par l'oppression des peuples.*» Il y a dans cette pensée plus de vérité qu'on ne croit, et les conditions mêmes dont dépend la sécurité de ces empires les poussent malgré eux à la tyrannie. Si frêle est la base de l'édifice et si lourd est le poids de celui-ci, qu'il lui faut sans cesse de nouveaux points d'appui pour se consolider. L'ambition, la fierté naturelle, l'intérêt matériel, s'ajoutant à cette cause profonde, il est difficile qu'une puissance de cette nature ne commette pas ou ne soit pas tentée de commettre quelques abus de pouvoir. Il est de ces abus dont *nous* porterons la responsabilité devant l'Histoire : ce n'est pas une paix française qui a été imposée à l'Autriche, à la Turquie, à la Hongrie... Et l'instinct des peuples ne se trompe pas : c'est vers nous aujourd'hui que crient toutes les infortunes nées de nos concessions imprudentes ou de notre abdication voulue. Nous sommes moins déçus nous-mêmes que nous n'avons déçu d'espérances et de confiances autour de nous. Puissions-nous le comprendre ! Puissions-nous être non point des alliés d'un jour, dont on achète les sacrifices au prix de formules flatteuses, de grands mots, de mensonges officiels et d'artificieuses combinaisons des faits — mais des amis sûrs, c'est-à-dire énergiques et sincères, prévoyants et réfléchis, capables d'arrêter les instinctifs emportements de la toute-puissance aussi bien que de collaborer à l'œuvre merveilleusement féconde que cette toute-puissance peut accomplir. Des conditions nouvelles pourraient naître sans beaucoup tarder qui rendraient moins effectif le superbe isolement de la Grande-Bretagne. A ce moment, nous nous trouverions avoir préparé sa chute en favorisant son hégémonie. Gardons-nous de croire que cette chute nous serait à profit.

CHAPITRE VIII

Politique anglaise
et politique d'équilibre continental

Puisque l'intérêt de la puissance anglaise était de voir l'Europe divisée en groupes, et ces groupes opposés l'un à l'autre en sorte que tantôt celui-ci et tantôt celui-là pût servir à la Grande-Bretagne de principale ligne d'attaque ou de défense sur le continent, il s'ensuit que ces groupes eux-mêmes, tout en combattant pour des intérêts qui étaient parfaitement les leurs, comme ce fut le cas dans le dernier conflit, risquaient fort de se trouver finalement avoir servi les buts anglais plus que les leurs propres. Autrement dit, il importait autant à n'importe quelle nation européenne de pouvoir se passer de l'immixtion britannique dans les affaires du continent qu'il importait à l'Angleterre que le continent ne pût se passer d'elle. L'alliance franco-russe faillit plusieurs fois réaliser cet « équilibre européen » d'un nouveau genre.

*
* *

Malgré tous les efforts de la diplomatie anglaise, il y eut, au cours du siècle qui a vu se préparer l'effondrement — consommé aujourd'hui — de la

L'ALLIANCE FRANCO - RUSSE ET LE VÉRITABLE ÉQUILIBRE EUROPÉEN (OU « *ÉQUILIBRE CONTINEN-TAL* »).

Des trois instants psychologiques qui marquent l'instinctif effort des grandes puissances européennes pour constituer cet « *équilibre continental* ».

Premier effort : BONAPARTE et PAUL Ier.

puissance russe, trois instants psychologiques où il apparut que cette diplomatie elle-même et tout le génie anglo-saxon se trouvaient réduits à néant par la seule force de l'instinct de conservation qui attirait l'un vers l'autre les peuples russe et français, prédisposés d'ailleurs à s'unir par de curieuses affinités morales et n'ayant presqu'en aucun point du globe l'occasion de se rencontrer en concurrents.

Le premier de ces instants psychologiques fut marqué par l'avènement au trône de Russie du tsar Paul Ier. On sait comment ce malheureux prince, dont l'histoire se partage entre les manifestations de son déséquilibre mental et les éclairs de son génie, avait fait proposer à Bonaparte par l'ambassadeur russe Kolitchef, de lui donner en mariage une princesse de la famille des Romanoff, de le reconnaître immédiatement comme souverain de France et de conclure avec lui une alliance effective et solide. « Paul, avec son emportement habituel, s'éprenait chaque jour d'une passion plus grande pour Bonaparte, s'entourait de ses portraits, buvait publiquement à sa santé, enjoignait brusquement à Louis XVIII de quitter Mittau... » (1).

Il s'est passé pour Paul Ier à peu près ce qui s'est passé pour Napoléon. Les admirateurs les plus enthousiastes du génie militaire de ce dernier ne manquent jamais, en effet, lorsqu'il s'agit de reconnaître son génie **politique**, de s'arrêter à cette explication si aisée et si généra-

____

(1) A. Rambaud : Histoire de la Russie.

lement admise, à savoir : « *mais son ambition le perdit et ruina la France avec lui...* » (1). — Que Napoléon n'ait entrepris, pendant toute la durée de son règne. qu'une seule guerre offensive, celle d'Espagne ; — qu'il se soit contenté toujours de repousser les coalitions formées contre lui, tout en ayant soin, il est vrai, de porter aussi loin que possible du territoire de la France le théâtre de la lutte et d'empêcher une jonction nouvelle de ses adversaires une fois vaincus et séparés ; — qu'il ait eu le génie de la paix au point de parvenir, malgré la suite ininterrompue des coalitions formées contre lui, à édifier en quinze années une œuvre colossale au point de vue de la restauration intérieure de la France : (Législation — Administration — Instruction publique — Arts — Sciences et Cultes — Monuments — Travaux publics, etc...) — tout cela n'a pu prévaloir contre l'obsession des libelles dont William Pitt et Castlereagh inondèrent l'Europe de 1800 à 1815. « *L'ambition démesurée de Bonaparte* » est donc restée dans l'histoire comme pendant à « *la démence du malheureux Paul Ier* » et à peu près à la même page. Parmi les faits saillants du règne, fort court du reste. de ce tsar, on n'a guère retenu que ce qui marque ou semble marquer le déséquilibre de ses facultés.

Paul 1er eut cependant plus que des « éclairs de génie » pour employer le terme admis à son égard. Les principaux de ses actes politiques, si

---

(1) Cette phrase est devenue une définition. On peut la trouver dans l'impartial dictionnaire Larousse au mot : Napoléon 1er.

de l'éclair ils eurent parfois la force, n'en eurent pas la trop passagère durée. Et ce « dément » faillit renverser à lui tout seul l'édifice génialement construit par William Pitt.

« Sur le continent, Paul Ier agissait énergiquement auprès de la Prusse pour la décider à se déclarer contre l'Angleterre. La ligue des neutres (fondée par le tsar) inquiétait si fort le gouvernement britannique que les amiraux Parker et Nelson allèrent, *en pleine paix*, attaquer la flotte danoise près de Copenhague, le 2 avril 1801. Un événement plus extraordinaire rompit la coalition ». (A. RAMBAUD, ouvr. cité.)

— Cet événement, c'est l'assassinat, dans la nuit du 23 au 24 mars 1801, de Paul Ier, qui était l'âme de la résistance européenne aux directions de William Pitt. Qu'il ne faille voir dans ce fait qu'une coïncidence, assurément! Mais cette coïncidence sauva l'Angleterre et cela vaut bien d'être noté. Le successeur de Paul Pétrovitch, Alexandre Pavlovitch, fut, sinon l'instigateur, du moins le principal soutien de la conspiration tramée contre la vie de son père ; or il servit avec zèle, dès son avènement, les projets de William Pitt. Son premier acte fut, en effet, de rompre les pourparlers engagés avec la France ; il renonça également au plan, que son prédécesseur avait conçu, de former une coalition générale de l'Europe continentale contre l'Angleterre ; enfin, il se rangea délibérément aux côtés de celle-ci contre Napoléon victorieux.

Alexandre Ier était d'ailleurs, dès avant son règne, entouré d'éléments assez suspects — tels

---

Comment ce premier effort échoua.

le Comte Pahlen, Benningsen et surtout les Zouboff, Platon et Nicolas qui prirent part à l'assassinat du tsar et dont la sœur était liée avec toute la faction anglaise et amie plus qu'intime de l'ambassadeur britannique.

Bref, ainsi passa, — sans que l'Angleterre ait à éprouver trop longtemps les cruelles angoisses que la « démence » de Paul lui inspira — le premier des trois instants psychologiques que j'ai voulu signaler. On parle du nez de Cléopâtre. Que dire du bâillon qui servit à étouffer l'infortuné tsar ? (1) Et qu'eût été l'histoire du monde si Paul, dont la folie n'égala et ne gêna jamais l'opiniâtreté dans les desseins politiques qu'il avait conçus, avait vécu dix ans de plus ?...

*
* *

Le second moment passa de même, et toujours grâce à ces coïncidences providentielles qui semblent ne légitimer que pour les seuls Anglo-Saxons la devise superbe par quoi chaque peuple se met invariablement sous la protection du Très Haut : « Dieu est avec nous... »

Deuxième effort : CHARLES X et NICOLAS Ier.

---

(1) Paul Ier refusa opiniâtrement, jusqu'à son dernier soupir, de signer l'acte d'abdication que lui présentèrent les conjurés en lui promettant, à ce prix, qu'il aurait la vie sauve. Menaces et violences furent inutiles. Réveillé en sursaut et pris à l'improviste, Paul ne chercha pas à se défendre. Sa seule réponse fut : « Jamais ! Jamais ! Dieu est avec nous !... » C'est en prononçant ces derniers mots qu'il tomba pour ne plus se relever. Sur la jeunesse de Paul Ier, son entourage et l'action des sociétés secrètes en Russie à la fin du XVIIIe siècle, on peut consulter l'ouvrage de Kobéko « Le grand duc Paul Pétrovitch » (St-Pétersbourg, 1883) Ce livre contient une nomenclature bibliographique très complète des sources utiles. Voir aussi les documents sur la maçonnerie russe recueillis par Bernadsky.

En 1828, l'Angleterre, qui craignait le relèvement de la puissance française et russe en Orient,
voulut s'opposer à l'expédition de Morée projetée
par la France et la Russie pour l'affranchissement
de la Grèce. Ce rapprochement des deux grandes
puissances continentales était d'autant plus
redoutable au cabinet anglo-saxon qu'il s'agissait
précisément de la seule question sur laquelle la
diplomatie avait pu, à force de travail, préparer
un terrain de mécontentement et de méfiance
susceptible de faire naître l'antagonisme russo-
français — je veux dire : non pas la question
d'Orient, mais la question des Lieux Saints, qui
n'est qu'un détail de la question d'Orient. Il
importait que les intérêts de la Russie et de la
France, tout disposés à se concilier en Asie
Mineure, en Palestine et en Grèce (seuls points
du globe où ces intérêts se rencontrassent — et
encore si peu...), fussent quelque part opposés
les uns aux autres. A cela pouvait aider la question religieuse, la Russie soutenant les intérêts
orthodoxes et la France les intérêts catholiques.
Il semble pourtant que cet antagonisme, dès
l'instant qu'il avait sa source dans une question
d'ordre religieux, devait se développer plutôt à
l'époque où le régime français, redevenu traditionnel et monarchique, soutenait ouvertement
l'Eglise et se trouvait par elle ouvertement
soutenu, que sous le Second Empire ou la
République, lesquels ignorèrent l'un et l'autre
l'Eglise et même la combattirent. Chose étrange,
il n'en fut pas ainsi : catholiques et orthodoxes,
c'est-à-dire protégés de la France et protégés du

tsar, s'entendirent à merveille dans les Lieux
Saints pendant la première moitié du dernier
siècle. Les monastères grecs ou slaves et les
monastères latins se soutenaient au besoin les
uns les autres et collaboraient ensemble à certaines œuvres. C'est pendant la seconde moitié
du xixᵉ siècle que le gouvernement français et le
gouvernement russe s'ingénièrent à suivre chacun, dans leur politique de protection des Chrétiens en Palestine, une ligne de conduite agressive
à l'égard l'un de l'autre. Et c'est au moment
même où la France adoptait à l'intérieur une
politique radicalement et violemment anti-reli-
gieuse, que son attitude en Palestine fut, à l'égard
des chrétiens non catholiques, particulièrement
intransigeante. Notre représentant à Jérusalem
ne se contentait pas d'être ostensiblement prati-
quant — ce qui eût été d'une excellente politique
si son rôle fût resté strictement représentatif —
... il ne donnait pas seulement l'édifiant et officiel
exemple de ses convictions personnelles, en un
temps où il était à peine permis, dans la métropole, d'enseigner en cachette aux enfants le
catéchisme, ...il avait en outre, pour principale
mission, de veiller à ce que les communautés
grecques et slaves en Terre Sainte n'empiétassent
point sur les droits des communautés catholiques.
Il arriva donc ceci : que, même au temps les plus
enthousiastes de l'alliance, Russes et Français
s'entendirent à peu près partout, excepté lorsqu'ils
se rencontraient en Palestine.....

C'est cet antagonisme que l'Angleterre voulut
susciter en 1828. Or le plan de Charles X faisait

Ce que ce second
effort produisit...

échouer celui de la Grande-Bretagne. Aussi le Cabinet de Londres s'opposa-t-il formellement à l'entreprise généreuse qui devait délivrer les Grecs du joug de Constantinople. Mais Charles X, avec une fierté qui en imposa au gouvernement britannique, fit répondre à l'ambassadeur anglais ces paroles : « *La France, quand il s'agit de rendre service à un peuple lâchement opprimé, ne prend conseil que d'elle-même. Aussi, que l'Angleterre le veuille ou non, nous délivrerons la Grèce.* »

Et il la délivra.

L'Angleterre n'oublia pas cette injure.

En 1830, elle alla jusqu'à menacer le Gouverneur français d'une intervention armée si l'expédition d'Alger n'était pas abandonnée. Le baron d'Hausser, ministre de la Marine, répondit à la Grande-Bretagne de la part du roi « *que la France n'avait jamais souffert une menace, qu'elle avait toujours fait ce que sa gloire ou son intérêt lui conseillaient et qu'elle le ferait toujours.* » Et le ministre, sur l'ordre de Charles X, indiqua à l'ambassadeur d'Angleterre de quelles forces l'expédition projetée serait composée — lui fit connaître le plan de campagne, le lieu de débarquement... C'était dire sans ambages : « Venez-y, nous ne vous craignons point ! »

L'Angleterre se tut et ne vint pas.

Le 5 juillet 1830, les Français entrèrent à Alger. L'Angleterre une dernière fois protesta.

« *La France a pris Alger en ne consultant que sa dignité : pour la conserver ou pour*

la rendre, je ne consulterai que son intérêt. »
Telle fut la réponse de Charles X.

Cinq jours après commença, sous un prétexte assez futile en soi, la violente campagne d'opposition entreprise par les journaux révolutionnaires (en particulier par le *National*)... par les organisations secrètes de la capitale et par la Société : « Aide-toi, le Ciel t'aidera » qui est exactement la même que celle dont sortirent en Russie les nombreux groupements qui prirent pour devise : « Par la force tu conquerras tes droits », traduction à peine modifiée du mot d'ordre de 1830.

Charles X abdiqua.

*
* *

Trois quarts de siècle séparent le second des instants psychologiques que nous venons d'étudier du troisième, lequel fut aussi le dernier. La révolution de 1830 a pu avoir toutes les causes profondes que l'on voudra — elle a pu être nécessaire et légitime comme l'est toujours pour nous toute révolution qui a pour elle l'avantage d'avoir triomphé. Au point de vue de notre puissance extérieure, si 1830 est une grande date, c'est pour une raison toute différente; cette date en effet n'est pas seulement celle de l'abdication de Charles X, elle marque également le début de l'abdication politique de la France.

Pacifique jusqu'à l'opiniâtreté, Louis-Philippe Ier n'eut guère, durant tout le cours de son règne, qu'une seule et très noble préoccupation, celle d'éviter toute possibilité de conflit. Son œuvre fut

...et comment il fut empêché de produire davantage...

DE L'INTERVALLE QUI SÉPARE LE SECOND INSTANT PSYCHOLOGIQUE (CHARLES X) DU TROISIÈME (1905-1916).

Louis-Philippe et l' « *abstention* politique ».

donc exclusivement une œuvre de réorganisation
intérieure et de libéralisme éclairé. Fils de Phil-
lippe-Égalité et partisan convaincu des principes
de 89 qu'il concevait du reste comme compatibles
avec le régime traditionnel — ayant combattu lui-
même sous les drapeaux de la Révolution à
Jemmapes et à Valmy, Louis-Philippe n'avait rien
de commun avec ces émigrés dont on avait coutume de dire qu'ils étaient revenus d'exil sans
avoir rien oublié et rien appris. Selon le mot de
ses contemporains, « *il fit de la Charte une
vérité* » : c'est là, certes, un incomparable éloge.
Le successeur de Charles X avait même connu
l'exil, voire la gêne ; il sentait profondément le
malaise dont souffrait encore la France, trop
épuisée par la Révolution et par l'Empire pour
que quinze années d'accalmie aient pu suffire à
lui rendre son aisance et sa prospérité. C'est à
favoriser cette prospérité et à développer cette
aisance qu'il s'appliqua surtout ; la politique
extérieure ne l'intéressa presque pas, et il faut
l'en louer, car les dix-huit ans de son règne —
troublés qu'ils furent parfois par des insurrections d'ailleurs sans grande violence et sans
durée — constituèrent néanmoins pour la France
comme un long repos durant lequel elle put se
reprendre et se détendre. Le cours de la vie se
rétablit si bien qu'il continua dans la suite presque sans soubresauts jusqu'à la fin du XIXe siècle.
Malgré les imprudences de Napoléon III, malgré
le désastre de 70 et malgré la Commune, les
conditions matérielles de l'existence ont subi
une modification moyenne deux fois moins im-

portante de 1845 à 1905 (c'est-à-dire en soixante ans) que de 1905 à 1920 (c'est-à-dire en quinze ans). Si le traité de Londres, en 1840, fut plutôt un succès pour la politique anglo-saxonne que pour notre diplomatie, et si Louis-Philippe abandonna trop complètement la ligne de conduite suivie par Charles X à l'égard de la Russie, avec laquelle il n'entretint pas les rapports amicaux noués sur les champs de bataille de la Grèce, ce fut là « *abstention* » voulue et intelligente et non point désastreuse « *abdication* ». Cela toutefois prépara ceci, et l'entr'acte de ces dix-huit années prépare tout naturellement l'œuvre politique de Napoléon III.

*
* *

« On sait qu'après sa défaite (1), la France, accusée d'être responsable de tous les désordres survenus en Europe depuis la Révolution, fut citée à Vienne en 1815 au Tribunal des Nations. Là furent en même temps condamnées la plupart des petites puissances dont les territoires, coupés en morceaux, servirent à récompenser ceux des États européens qui avaient le plus contribué à la chute de Napoléon. Ce partage fit naître des mécontements et des susceptibilités sans fin qui, à leur tour, pouvaient, à la première occasion, dégénérer en révolte. C'est pourquoi, pour assurer la paix à l'Europe, la Sainte-Alliance fut formée et, à

---

(1) Le passage suivant est traduit d'un ouvrage russe antérieur à la guerre de 1914-1918. J'ai déjà cité cet ouvrage et dit pourquoi je le citais. (Cf. page 138, note 1). Le lecteur fera lui-même les rapprochements qui s'imposent et que je crois inutile de souligner.

l'époque des guerres, succéda l'époque des Congrès et des expéditions soi-disant pacificatrices.

.«Tous les mécontents n'ayant pas la possibilité d'agir ouvertement, la plupart se mirent à s'organiser en sociétés secrètes et à former des armées d'ouvriers destinées à faire contrepoids aux armées de soldats. Dans chaque Etat, ces sociétés poursuivaient un but particulier : en France, le renversement des Bourbons et le rétablissement des.Bonaparte ; en Italie, la libération des petits Etats de la péninsule du joug autrichien et leur unification en un seul royaume ; en Autriche, la séparation de la Hongrie » ; en Russie, celle de la Pologne, de l'Ukraine, du Caucase et de la Finlande, etc.... « Mais toutes ces forces cachées avaient une seule et même organisation, un seul et même statut, une seule et même discipline, une seule et même hiérarchie. Et cette hiérarchie remontait finalement au chef du Cabinet anglais.

« Ainsi, après le Congrès de Vienne, fut établi en Europe ce qu'on pourrait appeler le système vertical des forces. En haut, l'inspirateur principal de la Sainte Alliance, Metternich, commandait toutes les forces de réaction, tandis qu'en bas tous les mouvements de tendances libertaires étaient dirigés par Lord Palmerston, lequel, bien entendu, l'emportait.

« En 1830, lorsque Charles X, réduit à l'impuissance par la continuelle pression du cabinet anglais, résolut de se débarrasser à la fois de la tutelle anglaise et de celle de Metternich en concluant une alliance avec la Russie, Palmerston, par le seul choc de la nouvelle révolution qui éclata cette même année, enleva le trône de France à la branche aînée des Bourbons, sépara la Belgique de la Hollande et ébranla presque toutes les bornes de démarcation dont le Congrès de Vienne avait marqué les limites des Etats.

2°) PHASES.

« En 1848, par un nouveau coup souterrain, Palmerston secoua toute l'Europe occidentale pour aboutir à un meilleur assemblement des nationalités ; en même temps, la branche cadette des Bourbons fut renversée et la France fut transformée en République.

La Révolution de 1848.

« Le 10 décembre 1848, par le moyen du suffrage universel, instrument commode pour qui tient en ses mains les masses ouvrières affiliées aux sociétés secrètes, Louis-Napoléon Bonaparte, neveu de Napoléon Iᵉʳ, fut porté à la Présidence de la République par voie d'élection effectuée sur le principe d'égalité de tous les électeurs et du secret du vote.

La République napoléonienne (1848-1852).

« Une façon de petit 18 Brumaire transforma ensuite la République en Empire, et Louis Bonaparte monta, le 2 décembre 1852, sur le trône de France, sous le nom de Napoléon III. En 1854, l'Empereur donna à l'Angleterre la confirmation solennelle des engagements secrets qu'il avait pris envers Palmerston (1) et signa avec le cabinet anglais une alliance contre la Russie — alliance à laquelle se joignit le Piémont, premier

Le Second Empire (1852-1870).

---

(1) Louis Bonaparte et Cavour se trouvaient être l'un et l'autre, avant leur entrée dans la carrière politique, les subordonnés directs de Palmerston dans la hiérarchie maçonnique. Le ministre anglais favorisa de son appui ses deux affiliés dans leurs efforts respectifs pour arriver au pouvoir, mais il mit à sa protection des conditions expresses.

rameau de ce royaume d'Italie qui devait peu après se constituer.

La Guerre de Crimée (1854-1855).

« Les escadres de France et d'Angleterre se dirigèrent alors vers Pétropavlovsk (au Kamtchatka), vers la Mer Blanche et la Baltique, tandis que le gros de la flotte alliée se rendait dans la mér Noire qui commençait à produire des Nakhimoff et des Korniloff(I), détruisit entièrement la base de cette flotte, fit de la Mer Noire une mer neutre et interdit aux Russes d'entretenir sur ses eaux une nouvelle flotte de guerre.

Le Congrès de Paris (1856).

« Le 8 avril 1856, au Congrès de Paris, le Comte Cavour, représentant du Piémont, posa la question de la situation de l'Italie, rappelant ainsi à Napoléon III la seconde promesse qu'il avait faite avant de monter sur le trône. Cependant, obligé de compter avec les sentiments religieux de son peuple et avec les intérêts matériels du pays, l'Empereur temporisait. Mais, le 14 juillet 1858, quelques fanatiques italiens jetèrent une machine infernale sous son carrósse et, l'année suivante,

Guerre d'Italie (1859).

1859, Napoléon III passa lui-même dans la péninsule des Apennins avec une armée de 120.000 hommes, battit les Autrichiens à Magenta et à Solférino, et fit don au Piémont de la Lombardie que lui accordait la paix de Villafranca.

« Ce premier succès encouragea fort les carbonari italiens. En 1860 eut lieu le soulèvement de la Sicile, dont l'un des leaders révolutionnaires, Garibaldi, s'avança vers Naples avec sa troupe d'insurgés — et l'armée piémontaise,

---

(1) Korniloff, héros russe de la guerre de Crimée, sans aucune parenté avec la famille de l'ancien général de Nicolas II.

descendue de la Lombardie à la rencontre des révolutionnaires, s'empara de l'Italie centrale et des États de l'Église. Le 18 février 1861, les députés du premier Parlement italien, réunis à Turin, décidèrent d'offrir la couronne d'Italie au Roi de Piémont. L'unification complète n'exigeait plus que la conquête de Rome sur le Pape et celle de Venise sur les Autrichiens.

« Mais, en même temps qu'au Sud se consolidait l'unité italienne, au Centre, les Allemands, divisés jusqu'alors en petits États indépendants sous la suzeraineté de l'Autriche, achevaient leur mobilisation politique.

« Bien que cette mobilisation s'effectuât tout à fait ouvertement, et que ses conséquences eussent pu en être à l'avance calculées, Napoléon III continuait à remplir ses obligations d'allié vis-à-vis de l'Angleterre. La flotte et l'armée françaises étaient occupées à ouvrir les ports chinois et toute l'attention de la société française était tournée vers un autre point du globe terrestre. Cependant, l'aiguille qui marque les heures au cadran de l'Histoire, et qui ne s'arrête jamais, approchait du chiffre qui devait désigner l'instant où le bruit prolongé et retentissant des canons prussiens allait se faire entendre dans le voisinage immédiat de la France.

« En 1864, la Prusse, alliée à l'Autriche, porta ses armées contre le Danemark, auquel elle enleva le Slesvig-Holstein, avec le port de Kiel, l'embouchure de l'Elbe et les territoires de la région côtière de la Baltique et de la Mer du Nord, territoire de la plus grande importance et qu'un

L'Autriche rejetée hors de la Confédération des Etats allemands (1866).

Guerre franco-allemande (1870-1871).

3°) *RÉSUL-TATS.*

Proclamation de l'Empire d'Allemagne. Isolement de la France en Europe.

canal, reliant les deux mers, traverse aujourd'hui.

« En 1866, la Prusse se tourna vers le sud et, de concert avec l'Italie, rejeta l'Autriche hors de la Confédération allemande. Quoique dans cette campagne l'Italie ait été défaite, cependant, grâce à la bienveillante protection de Napoléon III, elle reçut Venise en récompense d'avoir retenu contre elle une armée de 160.000 Autrichiens.

« Enfin, le tour de la France arriva, et cette puissance dut à son tour récolter les fruits regrettables de ces vingt années d'action politique de son Empereur lorsque celui-ci, éclairé par les rayons du projecteur artificiel dirigé sur lui, sembla devenir le maître des destinées de l'Europe (1869-70).

« Après avoir soulevé contre lui la Russie par la guerre de Crimée, — après avoir refusé de soutenir l'Autriche en 1866, Napoléon III, timide et rêveur de nature, se vit abandonné sciemment par l'Angleterre, et comprit trop tard quel jouet il avait été entre les mains de son astucieux allié. Cette pensée lui fit complètement perdre la tête, et, sans être du tout prêt à la guerre, il la déclara lui-même à la Prusse, en suite de quoi, un mois à peine après le commencement des hostilités, il se trouvait prisonnier de guerre en Allemagne. Cinq mois encore plus tard, dans la salle du Palais de Versailles, somptueusement décorée de tableaux rappelant les anciennes victoires de la France sur les Allemands, Guillaume Ier était proclamé empereur d'Allemagne et l'Unité allemande se trouvait constituée. Enfin, quatre mois encore après, la France, de nouveau ruinée, et moralement brisée, voyait reculer ses frontières aux limites que les Capétiens lui avaient données en 1552 » (1).

*
* *

Ce que le peuple français ressentit profondément, en 1870, ce ne fut pas seulement la menace allemande, ce fut son isolement à lui. D'instinct, la France devait donc chercher par la suite à s'assurer un appui politique susceptible de redonner à sa puissance, amoindrie par la victoire de la Prusse, un peu du prestige qu'elle avait perdu.

D'une part, la tâche semblait difficile. L'Angleterre, que nous venions d'aider quelques années auparavant à pénétrer en Chine et à restreindre le développement maritime de l'Empire russe, avait assisté impassible à la tragédie de 1871... La Russie souffrait encore trop vivement des blessures faites à son amour-propre comme à son intérêt vital par la guerre de Crimée pour se sentir attirée vers nous ; et si elle ne participa pas à la lutte aux côtés de la Prusse, du moins le sentiment national se manifesta-t-il d'une façon non équivoque : il y avait des Cosaques parmi les Bavarois. Quant à l'Italie, on sait que Victor-Emmanuel accueillit Thiers avec la plus grande bienveillance, — et peut-être bouillait-il vraiment du désir de lui venir en aide, mais ni le Peuple italien ni son Parlement n'acceptèrent de suivre leur souverain dans cette voie. Cavour, d'ailleurs, ni Pal-

TROISIÈME EFFORT : COMMENT NOTRE ISOLEMENT MÊME PROVOQUA LE TROISIÈME ET DERNIER RAPPROCHEMENT ENTRE LA FRANCE ET LA RUSSIE. (1906-1916).

____

(1) A. Vandam — « Naché polojénié » (Notre situation), S'-Pétersbourg 1912.

merston, envers lesquels Napoléon III avait si
fidèlement rempli ses engagements, n'étaient plus
là. Seul Garibaldi vint offrir à la France son épée
et ses soldats. Le geste était beau et l'acte était
noble; j'hésiterais à dire qu'au point de vue politique ni stratégique l'acte ou le geste aient été
autre chose que cela.

Mais, d'autre part, la défaite même de la France
devait avoir sur les autres nations européennes
une répercussion plutôt favorable à nos intérêts.
Un peuple habile dans l'art politique doit nécessairement trouver, dans son désastre même, les
moyens de se relever, car les complications d'intérêts en Europe sont telles que l'abaissement de
n'importe quelle puissance — serait-elle l'ennemie
du continent tout entier — ne saurait se produire
au-delà d'une certaine mesure sans que des intérêts étrangers à ceux de cette puissance elle-
même se trouvent ou se croient menacés. C'est à
quoi nous aurions dû songer en 1918, dès le lendemain de l'armistice. Je crois, certes, l'Allemagne
aussi peu apte, pour le moins, que nous à **l'art
politique,** et c'est, je l'avoue, de quoi je lui en
veux particulièrement, car la guerre mondiale fut
avant tout une ineptie politique au point de vue
strictement européen, et l'Europe pouvait attendre
des élèves de Bismarck autre chose que ce qu'ils
ont donné (1). Néanmoins, par la force des choses,
l'Allemagne trouvera certainement des appuis.

Or, la France était bien loin d'être, en 1871,
« l'ennemie du continent tout entier ! » Ce qu'on

______

(1) Voir Otto de Bismarck, *Mémoires* Tome III.

pouvait lui reprocher, c'était son imprudence généreuse, son manque de prévoyance et un certain désintéressement, parfois désastreux parce que trop mal compris. Aussi, tandis que l'Angleterre nous laissait nous débattre dans un isolement moins avantageux que le sien et nous créait en Afrique (1898) quelques difficultés aujourd'hui jugées avec indulgence, tandis que l'Italie entrait en 1883 dans l'alliance de l'Allemagne et de l'Autriche (alliance renouvelée en 1887, 1891 et 1896), la Russie, peu à peu, se rapprochait de nous. C'est le troisième des instants psychologiques dont nous avons parlé. Il dure en réalité de 1905 à 1916. Nous verrons dans un chapitre spécial comment cet instant fut mis par nous à profit.

FIN DU LIVRE PREMIER

SOMMAIRE.

III. — LA THÈSE OFFICIELLE DU CONFLIT   41

Fin du Livre Premier

Sous presse :

Essai d'introduction à l'étude des origines de l'Europe nouvelle

Livre II

VERS L'INDÉPENDANCE POLITIQUE

Le mouvement cosmique.

La Russie. Huit ans en Russie sous l'Ancien Régime. — A l'armée,
à la cour et près du peuple.

Deux années en Russie sous la Révolution.

Qu'est-ce que le bolchévisme ?

L'âme russe d'après la langue russe.

La guerre de Cent Ans pour la possession de l'Asie
(Russie-Angleterre 1816-1916).

L'alliance franco-russe et le conflit anglo-européen
(1900-1920).

Trois politiques : Politique d'abdication devant l'Allemagne (Politique Caillaux) — Politique d'abdication devant l'Angleterre (Politique Clémenceau) — Politique d'indépendance nationale (Politique Millerand).

Entre deux périls : Déviation révolutionnaire et régression réactionnaire — L'adaptation indispensable. Le bolchévisme et l'avenir. Progrès **social...** écueils **politiques.** — *L'œuvre révolutionnaire et pacificatrice du Gouvernement de la Renaissance nationale : la IVe République.*

L'Europe nouvelle. Les neutres. La Société des Nations. La Russie, la France et les nouveaux états slaves.

Imp WATELET, 69, avenue d'Orléans - Paris